销售如何说顾客才会听 销售如何做顾客才会买

陈育婷 编著

吉林出版集团股份有限公司

版权所有　侵权必究

图书在版编目（CIP）数据

销售如何说顾客才会听　销售如何做顾客才会买 / 陈育婷编著 . -- 长春：吉林出版集团股份有限公司，2019.1

ISBN 978-7-5581-6166-7

Ⅰ.①销… Ⅱ.①陈… Ⅲ.①销售 - 方法 Ⅳ.①F713.3

中国版本图书馆 CIP 数据核字（2019）第 005577 号

XIAOSHOU RUHE SHUO GUKE CAI HUI TING　XIAOSHOU RUHE ZUO GUKE CAI HUI MAI
销售如何说顾客才会听　销售如何做顾客才会买

编　　著：	陈育婷
出版策划：	孙　昶
责任编辑：	侯　帅
装帧设计：	韩立强
插图绘制：	李孟洁
出　　版：	吉林出版集团股份有限公司
	（长春市福祉大路 5788 号，邮政编码：130118）
发　　行：	吉林出版集团译文图书经营有限公司
	（http://shop34896900.taobao.com）
电　　话：	总编办 0431-81629909　营销部 0431-81629880 / 81629900
印　　刷：	天津海德伟业印务有限公司
开　　本：	880mm×1230mm　1/32
印　　张：	6
字　　数：	124 千字
版　　次：	2019 年 1 月第 1 版
印　　次：	2021 年 5 月第 3 次印刷
书　　号：	ISBN 978-7-5581-6166-7
定　　价：	32.00 元

印装错误请与承印厂联系　　电话：022-82638777

前言

在积极追求成功的商业市场，每一个人都需要运用谈判创造商机，如资源分配、交易买卖、销售过程中的条件谈判，乃至劳资双方的谈判协议等。如何使自己拥有筹码与人谈判？从商业角度来说，就是如何使自己的局势比人强，得到自己想要的东西的一个方式。比如说：如果以店家与顾客来说，店家想要的是把物品以高价卖出得到最高的利润。但是从顾客角度来说，则是希望以最低的价格买到最好的物品，所以店家该用什么方式来获得最高利润？

企业间靠谈判来交换资源利益或是通过结盟合作来开创更大的空间。"谈判能力"是一个企业能否在竞争环境中取得较佳优势的关键所在！而销售人员在激烈的竞争中，拥有高超的商业谈判能力来增进谈判议价技巧，不但是积极达成协议的重要因素，也是企业提升竞争力的途径之一。因此，我们要懂得利用谈判的技巧，让顾客认同你设定的目标。

军事上有句话说："战略错误，战术很难扭转；战术错误，战斗则很难取胜。"这个道理用在谈判上也一样："目标错误，就难以制定策略；策略错误，就难以制敌先机。"最后当然也离目标越来越远。

很多老实人虽然坐上谈判桌，却不了解谈判是弱点间的对话，而不是一场公平竞争。每个坐到谈判桌前的人都应该明白，想成为出色的谈判专家，不管你私底下多忠厚老实、善解人意，只要坐到谈判桌前，你所代表的就不只是你，而是代表所有委托你进行谈判的人。同时你也要认清，"老实"正是谈判桌上最大的弱点，因为老实人不仅不懂虚张声势的重要，甚至还会对对手有问必答、心怀同情，最后损耗的还是委托人（包括自己）的利益。我想这是除了你的对手外，谁都不乐见的结果。所以，千万别在谈判桌上以"老实人"自居，这不仅不会成为让人赞许的美德，反而会让你的委托人痛彻心扉，连带影响你的前途。诚实的观念，倾向"选择性的事实"，可以不说，但不必说谎，这样在道德和现实上都可兼顾。

很多人会把谈判结果归责于"运气"上，例如："这次运气不好，遇到那个人。""要不是他们半路杀出一个程咬金坏事，也不会变这样。""这次超倒霉的，我遇到的委托人根本不知道自己要什么，没有目标要怎么和对方谈？"其实，谈判进行时，要多方准备资料，当情况趋于对我们这一方有利，我们也不可以过度乐观，要步步为营，小心谨慎，清楚明确地掌握整个谈判的过程，避免过度乐观造成的事后摩擦。

本书就是以生活化的实例，搭配拟人化逗趣的插图的方式，告诉你如何做谈判前的准备；如何让对手觉得无路可退，永远买你的账；如何让你在各种谈判过程中总是胜利的一方，拥有最多筹码，进而创造好的业绩。

目录

第一章 在形象上赢得认可，顾客更青睐"专业范"

绽放你的微笑，让人不容易拒绝你 / 2

用"5W1H"开启彼此的话题 / 5

你对顾客的态度，决定顾客对产品的态度 / 7

给顾客最好的第一印象，提升顾客信任度 / 10

千万别耍美式作风，顾客不会买账 / 12

站在顾客的角度上换位思考，让服务更贴心 / 16

善用幽默，让顾客笑了买卖就成了 / 19

建立良好的客户关系，先做朋友后做生意 / 21

第二章　销售不是打嘴仗，选择正确的策略促双赢

摸清顾客的个性和目的，才能有的放矢 / 26

找出客户的潜在需求，谈出无中生有的好生意 / 29

把握插话的分寸，切勿打断顾客的思路 / 31

谈出好薪资，将自己"卖"个好价钱 / 34

销售要懂点博弈心理学——商场竞争必备技能 / 37

掌握议价诀窍，让产品卖出好价钱 / 39

处理好人际关系，会做人你就赢了 / 42

第三章　给顾客一个购买的理由：把好处说透，把益处说够

不轻易放弃，为顾客找一个成交理由 / 50

划着的火柴才能点燃蜡烛，客户只买"热情"的单 / 53

打造品牌形象，建立欲望诉求 / 56

善用顾客的恐惧心理，快速达成交易 / 58

用服务增加品牌价值，让顾客感觉物超所值 / 61

用顾客的语言说话，让沟通更顺畅 / 64

建立信任关系，培养顾客忠诚度 / 67

第四章 销售就是要玩转情商，见什么人说什么话

对实际型对手，要思考其真正的需求 / 72

对亲切型对手，要懂得运用同理心 / 74

各取所需，让对手接受双赢的结果 / 77

掌握问话技巧，引导客户向你的预期方向转化 / 80

善于察言观色，好的销售员都是心理学家 / 82

第五章 巧用各类销售工具，拉近产品与顾客的距离

运用线上工具，让服务贴近需求 / 86

你不可不知的电话、电子邮件谈判秘诀 / 88

运用数码产品进行远距离产品介绍，抢得销售先机 / 91

善用统计报表，让自己的数据更具说服力 / 93

框架效应：关键不在于说什么，而在于怎么说 / 97

利用"空墙"效应，多给顾客表现的机会 / 99

第六章 开口就要当赢家,像权威专家一样对顾客说话

跟顾客谈判之前,一定要做好事先准备 / 104

议价有学问,讨价还价,兵不厌诈 / 106

衡量对方期望值,在行家面前报价不可太高 / 109

掌握"最后一句话"的所有权 / 111

运用"差价均分"策略,让顾客觉得占了便宜 / 114

制造神秘感,沉默也是一种技巧 / 116

找出定案的关键人物,做最后拍板 / 119

投石问路,逐渐消除对手的戒备心理 / 122

第七章 善用"谈判压力",让顾客乖乖"就范"

用服务感动顾客,让享受成为消费重点 / 126

该端起就端起,随时准备掉头就走 / 129

巧用声东击西战术,获取自己想要的利益 / 131

要想钓到鱼,就要像鱼那样思考 / 134

要让顾客说"好",最好的办法就是先得到很多"不" / 137

扼制他,用你的嘴说出他的反对意见 / 139

多用"所以",使他与你建立统一战线 / 143

第八章　不会聊天，别说你懂销售——销售必须规避的说话和行为禁忌

不懂借助第三者威名 / 146

没有替代方案 / 148

不懂装懂、多嘴多舌 / 151

谈判对事不对人 / 154

分清楚意见与事实 / 156

以退为进的是陷阱 / 159

第九章　最后关头也可以"逆转胜"——销售一定要懂的成交绝杀技

为对方贴上标签，给他积极的心理暗示 / 164

因势利导，抢救临时变卦的残局 / 166

小心弄巧成拙，适时妥协可以拉高底线 / 169

学蔺相如完璧归赵，成功全身而退 / 172

用"二软"策略，解救自己的劣势地位 / 174

制造被抢购的假象，成功吸引对方 / 177

巧用心理战术，让对方感觉无路可退 / 179

第一章
在形象上赢得认可,顾客更青睐「专业范」

绽放你的微笑，让人不容易拒绝你

伸手不打笑脸人

有一句古老的谚语是这么说的：伸手不打笑脸人。

老祖宗留传下来的古老谚语都有智慧，其实笑是一种主动的示好，可以拉近彼此的距离，让彼此增添好感，尤其在大家都不笑的情况下，笑可以让气氛更加融洽。

一个服务人员就算心情再抑郁、工作再烦乱，面对一个带着笑容的顾客，态度也会转好，所以我们才会说："伸手不打笑脸人。"

2008年北京奥运会的主办单位深谙此理，知道"笑容是北京最好的名片"，所以在训练礼仪小姐时，要求她们要咬筷子，一次十几分钟，为的就是让每个人都能拥有天使般的自然笑容。

微笑，让人不容易拒绝你

笑容之所以珍贵，是因为那是内心的热忱流露到外面的样子。

美国第三任总统杰斐逊是一个很了不起的人。有一次，他骑马到乡间出游，途中遇到一条河，但是桥断了。当众人想牵马渡河时，一名农夫出现并走向杰斐逊，手上提个包，请他帮忙让他牵着马一起渡河。过河后，有人问农夫："你怎么知道要找我们的总统？"农夫回答："啊！我不知道他是总统。因为我只在他脸上看到 Yes，其他人的脸上都写着 No。"

所以在脸上挂着笑容等同于在脸上写了 Yes，让人不容易拒绝你！

凯瑟琳·迪佛利也在其所著的《黄金服务 15 秒》中提道：员工和顾客接触的时间至少有 15 秒，只要把握住这"关键的 15 秒"，就能留住顾客。如何在短短的 15 秒钟内给顾客留下良好的印象？就是要面带笑容。

微笑是表达感激的最自然的感情表露，也是人与人感情交流最简单的一种方式。当你温柔地微笑着出现在他人面前，你的善良和包容也在不知不觉中感染着接受你服务的人们。客户也会用他的好心情接受你的服务，因为微笑是真诚与善意的代言。

了解微笑的好处

化干戈为玉帛

微笑可以创造奇迹，当服务中出现差错时，歉意的微笑加上适当的语言与改错的行动，可以得到客户的谅解，化干戈为玉帛。

化解敌意

一个小小的微笑，在某些人眼里看起来只是很细小的回报，但是，它可以带给很多人满足感。正是因为世界上有了微笑，才使得我们能够缩短地域的距离，使无论来自何方的朋友都能用微笑化解由于语言不通而带来的诸多困扰。

传达亲切感

微笑是一个人对他人的态度的外在表现，当你在为客户服务时，你的一个微笑的眼神、一句微笑的问候、一个亲切的动作，都能使客户感到你待客的亲切与温暖。

用"5W1H"开启彼此的话题

艾森豪威尔将军曾说:"我宁愿说服某个人与我同行,因为我一旦说服他,他就会紧紧相随。要是我恐吓他,那么只要他怕我一天,就会留在我身边一天,但最后还是会一走了之。"

他所提到的"说服",就是一种沟通能力的展现。好的业务员必须具备好的沟通技巧,业务是谈出来的,如何开启话题,增加业务对谈成功机会?可由以下几点说明:

一、通过最基本的企划概念"5W1H"开启彼此的话题

◆ Who:谁是你说话的对象?要用什么表情面对他?

◆ What:什么是你要说的?也就是你们的话题,或者拟定的目标与内容。

◆ Why:为什么要说这些?或者,为什么是这位聆听者?

◆ When:考虑开口的时机了吗?有没有先发制人的必要与优势呢?

◆ Where:哪里是最适合的谈话场所?

◆ How:如何把话题从开场白带入核心?

二、微笑力量大

在谈话取得一定效果、谈判达成某种协议,甚至当情势变成僵局时,双方能会心微微一笑。如此,可消除芥蒂,增加彼此友谊，争取谈判的空间。

最后还需要注意以下几点：

（1）"愿意"沟通并不代表"能够"沟通，让人了解的沟通才是有用的沟通。

（2）我们怎么说和说什么同样重要。

（3）不懂得沟通的方法，就达不到沟通的效果和目的。

（4）许多问题与冲突的关键点都是沟通不良。

（5）当你有说话的冲动时，问对方：请说说你的想法。

（6）和陌生人交谈时，从他的职业、头衔、背景开始问问题。

（7）多看报章杂志，了解时下众人关心的话题。

练习"5W1H"

成功开启彼此间的话题：试着在谈话内容切入以下几点（5W1H）：

Who —— 谁是你说话的对象？要用什么表情面对他？

What —— 什么是你要说的？也就是你们的话题，或者事前想好的目标与内容。

Why —— 为什么要说这些话？或者为什么是这位聆听者。

When ——— 考虑开口的时机了吗?
有没有先发制人的必要与优势呢?

Where ——— 哪里是合适的谈话场所?

How ——— 如何把话题从开场白带入核心?

你对顾客的态度,决定顾客对产品的态度

一个好的业务员,对自己外在仪容的要求非常严格,不仅是随时保持"面带微笑"的状态,还要注意全身的服装仪容,例如:服装上的每一个扣子都要扣好。因为具备好的服装仪容,代表尊重自己也尊重对方。业务员常常是需要主动拜访,甚至需要像扫街、扫大楼之类的初次拜访,这类的主动拜访活动,容易对顾客造成干扰,因此会让顾客对业务员产生厌烦的感觉,所以服装仪容若没有装备好,自己很容易受挫折。

业务谈判是一门艺术,更是一门科学,具备基本的沟通技巧之后,就要注意沟通谈判时的态度。

沟通谈判应具备的几点态度

1. 沟通的时候要注意态度比对方温和,说话时也应该从容不

迫，但是语气必须要坚定。所有的内容都要诉诸条理分析，理性叙述而非情绪反应。
2. 随时注意谈判步调，仔细聆听对方的意见，注意找出对方的要求及需求。遇有对方刻意模糊谈论内容，立即请对方厘清说明，了解对方的真正意思。
3. 绝不口出秽言，也不使用情绪化的言辞，不要随意打断别人讲话，允许对方插嘴，但接着说下去的时候，指出对方刚才打断了说话。
4. 语气要坚定、坚定、再坚定，立场要重复、重复、再重复，使对方清楚了解你所表达的事情。

全面了解与观察

与客户谈判的时候，除了谈判的内容，也应该多方面了解对方的个性、文化背景。会谈的主要目的是为了传递资讯还是汇集资讯？这主要取决于你在世界上的什么地方举行会议，以及你是否属于像法国人、德国人、美国人那种个人主义的商业文化，或者像英国人和中国人那样的集体性的文化？实际上，谁又知道我们的观点在多大程度上是我们自己的，又在多大程度上受文化的制约？因为在商界，如同在生活中一样，人们总是文化的俘虏。

多方了解你的对手，才可以使你成功地立于不败之地。

一个好的业务员要学会适时赞美你的客户

成功开启彼此间的话题,试着在谈话时切入以下几点:

- **赞美一定要真诚** → 阿谀奉承和真心赞美是很容易分辨的,如果说出来的话让人感觉言不由衷,那么可能会适得其反。

- **赞扬的内容要具体** → 赞美不能"大而全",而要落实到具体的事情上,否则别人会觉得这样的赞美很"虚伪"。

- **赞扬的时间要即时** → 遇到可以赞扬的事,一定要即时说出来,否则事过境迁,再好听的话,也难以发挥作用。

- **赞扬的时机要把握好** → 赞美的话要"择机而出",要讲究"天时地利",不合时宜的夸赞只会起到相反的作用。

- **赞扬的语言要得体** → 赞美切忌弄巧成拙,心里的话在说出口之前应该斟酌一番,否则就会让局面变得很尴尬。

给顾客最好的第一印象,提升顾客信任度

心理学教授罗伯特·巴隆曾说:"人与人之间的对立和冲突,往往都是来自于说话的态度,而非说话的内容。"

例如:同样是一句"我们一定会尽最大努力来让各位满意",由一个面带笑容、语气柔和的女性服务人员说出口,或由一个打扮随便、态度轻浮、不稳重的中年男人说出来,绝对会带给听者不同的感受。

千万别启动对方的防卫机制

人的潜意识中,多少都保留了几千年前老祖宗在面对危险或猎物时都会启动的最原始的求生本能:在最短的时间内,判断眼前的处境或对手是否有致命危险,而做出拼命对抗或拼命逃跑的选择。我们会全身处于备战状态,心跳加速、血压升高、瞳孔放大,随时准备让肌肉发出强大力量,好应付这生死关头的状况。

在谈判桌或销售场合上也是如此,一场谈判或生意是否能成功,往往在双方坐下来的几秒钟内就决定了。因为,当你坐下来时的那种态度和姿态,就已经告诉对方,你是否将对方当成一个值得尊敬的朋友。如果你的态度友善真诚,对方内心的防卫机制就不会启动。这个第一印象会深植在内心很久,因此资深级谈判

当你批评的话语一出，就等于启动对方的"防卫机制"，所以切忌随意批评对手。

怎样做比较正确：

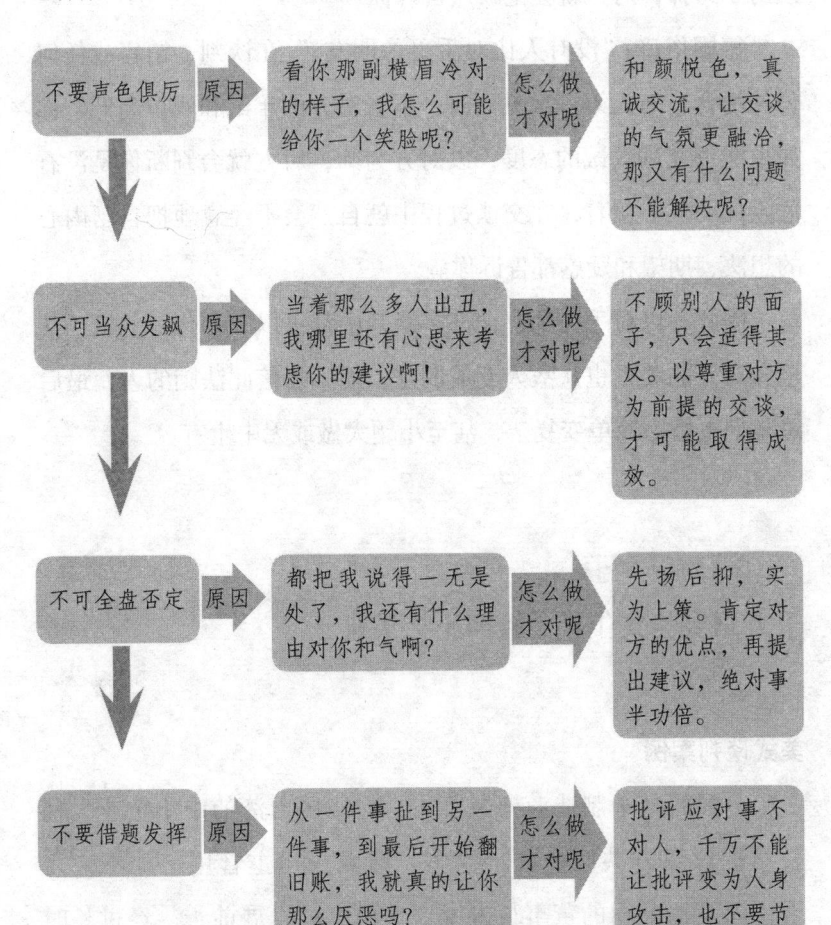

| 不要声色俱厉 | 原因 | 看你那副横眉冷对的样子，我怎么可能给你一个笑脸呢？ | 怎么做才对呢 | 和颜悦色，真诚交流，让交谈的气氛更融洽，那又有什么问题不能解决呢？ |

| 不可当众发飙 | 原因 | 当着那么多人出丑，我哪里还有心思来考虑你的建议啊！ | 怎么做才对呢 | 不顾别人的面子，只会适得其反。以尊重对方为前提的交谈，才可能取得成效。 |

| 不可全盘否定 | 原因 | 都把我说得一无是处了，我还有什么理由对你和气啊？ | 怎么做才对呢 | 先扬后抑，实为上策。肯定对方的优点，再提出建议，绝对事半功倍。 |

| 不要借题发挥 | 原因 | 从一件事扯到另一件事，到最后开始翻旧账，我就真的让你那么厌恶吗？ | 怎么做才对呢 | 批评应对事不对人，千万不能让批评变为人身攻击，也不要节外生枝，否则只会越描越黑。 |

或公关高手，最谨慎也最在意的，就是和对手或客户见面时的第一印象。

以对手为师，对方就会把缺点告诉你

德国俗谚："没有人比对手更像朋友。"在谈判、销售或任何公关场合，与人第一次见面时，不管对方的年纪和职位高低，你如果能以充满真诚的态度，以对方为师，对方就会判断你是没有危险的朋友，接着，在交谈过程中就自然会不经意地把自己内心的想法、期望和疑惑都告诉你。

因此，以对手为师，在许多谈判中都可以顺利化解危机，甚至和对方的关系也从敌人变成朋友；而不相信此法则的人，最后总是把事情由简单变复杂，甚至小题大做或无中生有。

千万别耍美式作风，顾客不会买账

美式谈判案例

美国的电子制造商柯威公司，向中国台湾的中小企业大福公司提议双方共同研究半导体。柯威公司主管用三寸不烂之舌，向大福公司的董事长游说这项研究的发展前景。经过长时间的考量，大福公司董事长对这项技术合作依然犹豫不决。而了解不同文化的谈判方式,有助于在谈判中获胜!

	美国(北美洲)	日本
情绪	客观与非情绪化两大教条仍主宰一切。	情绪很重要,但不可以表现出来。
社会互动关系	直言不讳和坦诚相见比面子重要。	重视和谐的气氛和正式的社交仪式。举止有礼,特别注意保留对方的面子,甚至把介绍互识的小事搞得很复杂。
肢体语言	个人的生活空间较其他国家广,个人隐私深受保障与尊重;不常见身体接触,但要引起对方关注或表达特定感情时,偶尔会有身体上的接触。	日本人不习惯身体接触,这可能和生活环境窄小有关,他们很重视生理和心理上的隐私权。
时间	时间即是金钱——如此宝贵的东西,浪费不得!	不认为时间就是金钱,他们是比较小心谨慎的民族;决策很慢,多半会花长时间考虑,虽然如此,开会是很准时的。
权力	特权在北美不重要,公平竞争、机会均等才是引以为傲的事。在大机构中,权力是分散的。把事情做好并有所成就,胜过大权在握。	关系没那么重要,但多少有点作用;认识一两位银行高级主管、工商巨子或政府官员,必要时会用得着;跟政府搭上关系,可以使申报项目快点批下来——据日本习俗,这些政府大佬退休了,在社会上仍有很高的地位。
谈判	对直率并经认真考虑的提议给予很高的评价。因此,要多下功夫,打响第一炮,然后快速解决问题,因为一个机构好不好,完全要看它的效率。	注重建立长期的个人关系,而不喜欢与陌生人贸然签约;他们喜欢和缓的谈判方式,对需要澄清的疑点,一再地重复讨论;要保存详尽的会议记录。
决策	拜先进科技之赐,能高度理性且客观地决策。意见一致与否并不重要,分层负责制度是大多数机构采用的管理典范。最高阶层的主管则是掌握全局,处理一些特殊事件。	通常由部门主管和课长初步决定,然后征求部门全体同仁的同意,再呈报最高层核准,并负责执行计划的协调工作。

柯威公司就在此时犯下致命的错误。柯威公司的副总裁对大福公司董事长说:"事实上,本公司拥有足够买下大福公司的雄厚财力。"

他在会议上说出这句具有威胁性质的话,实在不够高明。因为大福公司董事长一手创建了这家公司,发明了数百种产品,不但深深引以为傲,更具有一份浓厚的感情,他听到这句话之后,便不再迟疑地回复柯威公司副总裁:"很遗憾,我决定不与贵公司技术合作。"

以金钱利诱不遂,便企图采取威胁的手段,却不幸招到反效果。大福公司董事长认为这位副总裁做事鲁莽蛮横,实在不能作为长期技术合作的伙伴。

柯威公司的做法的确容易让大福公司董事长感到不舒服,心中留下芥蒂。这正是美式强硬谈判法的严重缺陷。实际上,大福公司董事长若是能够对美式谈判法有多一点了解,或许会产生不同的想法。

了解"美式想法"

1. 美国人认为掌控"时间"就能掌控"谈判"。
2. 美国人喜欢直接的沟通方式,秉持着所谓"征服"自然的开拓精神。
3. 美国人不喜欢狮子大开口。
4. 美国人讲求效率,喜欢速战速决。

5. 美国人不习惯情绪表露。

6. 美国人看重短期的获利。

7. 美国人在谈判时最常运用3种方式：威胁、虚张声势和强硬手段。

8. 美国人不习惯并痛恨沉默，15秒钟的沉默，就像漫无止境的永恒。

9. 美国人习惯生意对手都跟他们用英文沟通。

站在顾客的角度上换位思考，让服务更贴心

懂得站在对方立场看问题，说话时就能从对方的角度切入，彼此的沟通就不会鸡同鸭讲。懂得站在对方的立场说话，除了可以让对方感受到你处处替他设想，不再与你针锋相对，同时也可以让跟你唱反调的人化解敌意，让即将破局的事情出现转机。

将心比心，问题将迎刃而解

一家信用卡公司近日常常接到一位老人的投诉电话，电话一接通，老人就会对客服人员大声谩骂。许多的客服人员都不清楚发生了什么事，只好不停安抚老人，几天下来大家都很害怕接到老人打来的电话。一天，客服部的经理接到了这通电话，在老人一阵暴怒谩骂后，经理耐心仔细地询问了解发生了什么事，老人才说这次寄给他的信用卡卡号末几位号码为 5744，老人家觉得是在诅咒他"我去死死"。加上老人家前阵子也收过 1438 的卡片号码，谐音"你是三八"，所以感觉很不好，才会一直打电话到客服中心骂人。这样的问题或许我们会觉得老人小题大做，但如果愿意以同理心去理解老人的感受，帮老人换一张新卡片，问题就可迎刃而解，也满足了客人的需求。

借贴心的服务，留住顾客

客服部经理当时的做法是，告知他如果是我也会一样生气，

面对抱怨

你们这台相机,防水功能是骗人的!昨天淋到雨,现在坏了!

X先生您好!造成您出游拍照的不便,真是不好意思,这次让我免费为您修理。

面对要求

买这部手机这么贵,你能送我一些赠品吧?

您是我们的VIP,我可以为您找找合适的优惠,请您放心。

面对讽刺

你们家的衣服都这么小?是拒绝身材胖的客人吗?

谢谢您对我们店衣服款式的肯定,这次我的确进了比较多小件的衣服,下回我出国带货,会特别将各种尺寸带齐。

因此可以理解他的想法；之后会马上补寄一份重新申办卡片的简易资料，并询问他是否有其他号码的禁忌。果然，这个方法最后留住了这位客户，而且还从中找到很多之前大家想不到的关键盲点或隐性盲点。

在这一事件后，客服部经理试着查阅之前的资料，然后发现客户抱怨卡号谐音的问题不只出现一次，一些敏感谐音类的号码，例如：0438（你是三八）、7474（去死去死）等卡号的刷卡率，明显比其他号码低，甚至一开始就被剪卡，也有几通电话是打来要求补换卡。客服部经理将这个事件及发现告知发卡部主管，几经讨论后，决定将一些敏感号码从选码中删除，以确保卡片实际使用率。

这个不良号码过滤的修正动作，事后证明对银行、客服人员和客户三方都带来好处，银行的开卡率也因这个修正动作增加了15%。

这就是谈判时站在对方角度考虑的诀窍。切记，很少有人会故意地、无目的地"无理取闹"，他们提出的每一个问题，必定含有我们不曾注意过的细节或隐性盲点。如果我们想保有本身产品的价值，在业界始终保持竞争力，就一定要有虚心受教和求知的心态，这样才能从对方的要求、抱怨、讽刺中看出问题的症结。

处理事情的时候，懂得运用同理心去了解客户的需求，多替客户设想一些细节、站在客户的角度思考，当客户感受到你的用心，了解你是为他设想，建立起一种我们是站在同一边的感觉，生意成功的概率必然提高很多。

善用幽默，让顾客笑了买卖就成了

善用幽默，展现出色的吸引力

铁齿铜牙纪晓岚很会讲故事，因此在宫中有许多人爱听他说故事。有一天，他有事要拜见皇帝，路上遇到一名太监，非得要纪晓岚讲完一个故事再走，推托不掉后，纪晓岚思索半刻说："有了，从前有个人……"然后，就不说话地看着太监。太监等了一下见纪晓岚不开口，心急问："有个人？下面呢？"纪晓岚说："下面没了！"太监知道被揶揄，大笑而去。

南非总统有一次发言，讲到一半发现演讲稿页数乱了，这本来是很尴尬的事情，但他不以为然，一边整理一边说道："我把讲稿的次序弄乱了，你们要原谅一个老人。不过，我知道在座的有一位总统，有一次演讲时也曾把讲稿的次序弄乱了，但他却不知道，照样往下念。"整个会场哄堂大笑。

从以上这两则小故事中我们能获得什么信息呢？对！幽默的心态。所谓幽默的心态，就是坦然接受别人的调侃或给予的麻烦，然后用智慧的语言和举止，反调侃他人或解决麻烦的态度。

幽默是一种优美、健康的品质

纪晓岚为摆脱麻烦，巧开纠缠者的玩笑，让对方知趣而退；南非总统面对尴尬，不疾不徐，反而以说笑的方式轻松为自己开

善用幽默

有一天，汤姆的老板开会时气急败坏地大叫：

这次促销如果泡汤，我要把你们一个个扔进海里喂鲨鱼！

这时，汤姆从容地站起来，转身要走，老板更气了：

你要去哪里？

原先是要去洗手间的汤姆即兴改口说：

学游泳！

众人大笑，紧张的气氛马上缓和下来，老板也笑了：

你这浑小子，你以为我真的忍心把你们扔进海里吗？

汤姆的即兴幽默一下子就把一个严肃的会议变得轻松愉快起来！

脱，化尴尬为笑料，可见其处事态度。如此，我们不难看出，幽默就是智慧，是一种从容的态度，是敏锐的反应能力，更是对语言的极致应用。

这种幽默感如果放在职场上，能帮人化解诸多尴尬和麻烦，能建立良好的人际关系，更能为自己的谈判添加优势。正因为如此，人们常把幽默看作是一种万能行为，幽默可以给有能力的人锦上添花，给能力差的人增加好运；幽默能化解尴尬，摆脱麻烦，还击他人的讽刺挖苦，幽默能将欢笑发挥到极致，将阴霾转变成明媚。

我们应该学着做个幽默的人，用幽默轻松化解一切尴尬和麻烦，让幽默成为自己的武器，对抗一切对个人不利的因素，使自己笑着到最后。博得客户一笑促成合作，也可以让彼此的关系更轻松，谈起事情来更愉快。

建立良好的客户关系，先做朋友后做生意

小李，22岁，刚刚从某大学毕业，就加入了A公司做业务。经过A公司半个月的培训后，被分配到王经理所负责的区域做业务。

小李来自台南，给人的第一印象是有自信、热情、能吃苦。

刚开始王经理让小李跟着他的车跑，顺便跟他讲了一些做人的基本道理、产品知识、市场运作的程序与方法、沟通技巧等一些销售的基本常识。

后来，王经理将他安排在一个刚开发不久的新客户——曾老板身边，主要的工作是专门帮助曾老板开拓市场。小李刚到曾老板那里，他感觉到曾老板根本没有把他当作厂商的业务代表来看待，例如：从不与他商量和沟通生意上的事情，更不用说带他一起跑市场。他感觉到在曾老板的眼里，他只是个什么都不懂的小毛孩儿。但小李很坚强，潜意识里产生了一种不服输的念头：一定要征服曾老板，改变曾老板对自己的看法。

以实际行动，感动你的客户

于是他开始每天早出晚归，骑着曾老板的摩托车，走访一家又一家的零售店，向店家介绍公司的产品，一家不成功再到另一家。皇天不负苦心人，第一天就有5家零售店要求送货，第二天有10家。随着小李开发的零售店越来越多，曾老板终于被小李的吃苦精神和市场开拓能力征服了。

从此以后，曾老板亲自开车，带着小李一起跑市场、开发网站、维护网络店铺生意。曾老板的生意越做越大，成为了A公司最大的客户之一，小李也成了曾老板不可缺少的业务骨干。

取得客户信任

从上面的故事，我们可以发现业务新手，其实先要掌握的是

实战业务九招

```
万全准备
   ↓
接近客户
   ↓
发掘客户需要
   ↓
有效简报
   ↓
优秀展示技巧
   ↓
提供合宜建议
   ↓
把握成交时机
   ↓
完善售后服务
   ↓
建立良好客户关系
```

有什么事情吗？

陈经理，上次您对公司提的建议，我们已经做了改善，若您不赶时间，我知道附近有家很有特色的店，让我请您喝杯咖啡，顺便让您看一下我们改善的情况。

如何获得客户的认可和信任。因为只有得到客户的充分支持和信任，业务新手才有机会去展示自己的才华，才有可能创造良好的销售业绩、建立自己的人际关系、体现自己的价值。

  这段过程需要新手业务员花费多一点心力，当你能够让你的客户对你从了解到信任，将客户关系管理落实到企业文化与制度中，让客户因为你而信任公司，如此，才可以培养出客户的忠诚度！

第二章

销售不是打嘴仗,选择正确的策略促双赢

摸清顾客的个性和目的,才能有的放矢

培根在《论谈判》里说:"想和人谈判,一定要先了解对方的个性和目的,顺着他的毛摸,才能达到你想要的目的。若你能找出对方的弱点进行制衡,或利用对方的优点来达成目的,才是谈判的最佳法则。"这段话已经说出了谈判的精髓。

一、**事先准备**:能够事先做准备的人,在谈判中较占优势。

在商务谈判的过程中,结果的成功与否,有相当大的因素取决于"人"。因为,谈判者不是一个抽象的代表,谈判是由人组成的。人的因素涉及多方面,例如:首先应该承认人是具有情感的;有既定的价值观;不同的人具有不同的文化和教育背景、不同的观点,从而导致其行为有时的确会深不可测。因此,在商务谈判中首先要解决人的问题。

二、**顾及对方需求**:谈判双方都渴望满足直接与间接的需要,若能顾及对方的需要,谈判就能成功。成功谈判的基本原则,我们希望人的因素在谈判中能有下面这些作用:相互信任、相互理解、相互尊重、保持友好的基础上保持长久的合作关系,使谈判顺利进行,而且有效。

我们不希望人的因素在谈判中出现下列情况：双方存在认识问题的极大差距；谈判一方极度生气，态度消极低沉，甚至出现恐惧或敌对情绪，或感觉像受到侵犯。

人的因素在谈判中自始至终是一个无法回避的问题：你在谈判中始终应该问自己，"我是否对人的因素给予了足够的重视？"

三、如何臆测：谈判双方都会设定臆测，要想谈判成功就要看你和对方的臆测是什么而定。首先遵循的一个基本原则就是将人的问题与谈判的实质利益区分开，这是任何谈判都要遵循的一个基本原则，这也是解决人的问题的一个基本前提条件。

四、与谈判对象的关系：在有些情况下，关系比任何谈判结果更重要：如长期商业伙伴、同事、与政府的关系、外交关系等。

通过不同角度了解人

心理学对于人的研究各有不同的主张，例如：下表显示了行为主义和人本主义学者对人的主张有明显的不同。

这些让我们意识到了解人的心理和谈判都必须通过不同角度来研究人的行为，以便切实掌握谈判者真正的需求和目的。

心理学对于人的研究

行为主义下人的模式强调	人本主义下人的模式强调
1. 环境决定人，人是环境的产物。 2. 人是可以预测的。 3. 人是信息或资料的传递者。 4. 人生活在一个客观的世界中。 5. 人是理性的。 6. 人的种类特质具有共通性。 7. 人可以以绝对的尺度予以描述。 8. 人的种类特质可以各自分离加以研究。 9. 人为一种实体的存在。 10. 人可以借学习研究来了解。	1. 人是自己的主宰。 2. 人能从其意识内容予以有意义的描述。 3. 人是无法预测的。 4. 人是信息或资料的创造者。 5. 人生活在一个主观的世界中。 6. 人是非理性的。 7. 人具有独特性，与众人皆不相同。 8. 人只能以相对的尺度予以描述。 9. 人必须以其整体加以研究。 10. 人为一种具有潜能的存在。 11. 人为超过我们所能了解者。

找出客户的潜在需求，谈出无中生有的好生意

协助 100 多家日商在纽约打天下，创立"大桥 & 冯法律事务所"的大桥弘昌，在美国留学时，经伯父的介绍到朋友理查·马克斯家寄宿。

理查是犹太裔美国人，开了一家卖咖啡机的公司，经营得很顺利。有一次两个人一起去吃饭，餐后喝完咖啡，理查请服务生叫经理过来。

随时随地行销

经理带着疑惑的表情走到桌边时，理查看着咖啡杯，纳闷地问："你们用的是哪家厂商的咖啡机？"在说了些不着边际的话之后，理查递出名片跟他说："我们公司销售的是意大利制的咖啡机，如果你希望店里煮出美味的咖啡，请和我联络，你们的餐点真的很好吃。"

查理在这种非上班时间的外出吃饭的时刻也能推销自己的公司，令大桥非常惊讶：轻描淡写地不给对方厚脸皮推销的印象，但是想说的话都清清楚楚地传达出去了。

理查这时的一言一行使大桥学到不同于一般的谈判"思维方式"。他认为在全球化时代，不擅长谈判的企业，即使提供优良的商品与服务，结局往往还是输家。还是要靠谈判能力，才能决定产品可以卖 100 万日元或 1000 万日元。

想让对方转变想法，需要哪些沟通技巧？

说话不能带有个人情绪

我们往往容易被感情控制，那么一些欠缺考虑的话很可能脱口而出。控制情绪最好的办法，就是晚一点再开口，把那些带有情绪的字眼砍掉，这样矛盾就不容易被激化。

以互相尊重为前提

千万不要自以为是，必须尊重对方。假如对方觉察出了你的言语中带有轻蔑的成分，那么会很自然地把你拒于门外。无论你的建议多好，对方都不会采纳。

所有办法的关键，就是把表达自我的主动权交给对方，让对方成为谈话的主角。

沟通以理性为前提

我们都知道在双方都不理智的情况下去谈判，是没有意义的。谈判的前提是理性，无论哪一方都不例外。

主动说"我不知道"

如何引导对方是整个交流的关键，不能因为自己知道某事而不愿说"不知道"。你的"无知"，正是让对方口若悬河的前提。假如你什么都说完了，别人又从何开口呢？

提问简洁

不要提太深刻、尖酸的问题，一定要给对方一个展现自我、顺畅表达的机会。如果你的提问是在为难对方，那么只会带来负面的效果。我们需要使用的语言其实很简单，你只要准备当个聆听者就可以了。

你必须以新观点破冰,找出客户的需求。你也必须设法让客户乐于听你提出解决方案,让销售对象及客户愿意从繁忙的行程中抽出时间来聆听你的提案。从商业角度来说,就是如何使自己的局势比人强,得到自己想要的东西的一个方式。比如说:如果以店家与顾客来说,店家想要的是把物品以高价卖出得到最高的利润。但是从顾客角度来说,则是希望以最低的价格买到最好的物品,所以店家该用什么方式来获得最高利润?

企业间靠谈判来交换资源利益或是通过结盟合作来开创更大的空间。"谈判能力"是一个企业能否在竞争环境中取得较佳优势的关键所在!而销售人员在激烈的竞争中,拥有高超的商业谈判能力来增进谈判议价技巧,不但是积极达成协议的重要因素,也是企业提升竞争力的途径之一。因此,我们要懂得利用谈判的技巧,让顾客认同你设定的目标。

把握插话的分寸,切勿打断顾客的思路

插话要注意时机

许多人由于太相信自己的理解和判断能力,往往不等别人把话说完就中途插嘴,因此常会发生误会。举例来说,有些人在别人说话时,仿佛都将话听进去了,等到别人说完,却又问道:"很

抱歉，你刚才说些什么？"这对说话的一方来说，是件很失礼的事。人们常会轻率地问："刚才这个问题的意思，能再解释一下吗？"这些话都不算得体，你可以这样表示："根据我听到的，你的意思是否是这样呢？"

即使你真的没听懂，或听漏了一两句，也千万别在对方说话途中突然提出问题，必须等到他把话说完，再提出："很抱歉！刚才中间有一两句你说的是……吗？"如果你是在对方谈话期间打断，问："等等，你刚才这句话能不能再重复一遍？"这样，会使对方有一种受到命令或指示的感觉。

俗话说："听人讲话，务必有始有终。"因为当你一插话，很可能打断了对方的思路，他反而忘了要讲些什么。要了解，中途打断对方的话题是没有礼貌的行为，往往会因此产生不必要的误会。

自然地加入他人的谈话

在聚会上，我们时常可以看到客户或同行正和另外一个不认识的人聊得起劲，此时，每个人都有着想加入对谈的念头。但是贸然加入可能会令他们觉得不自然，甚至使他们的话题接不下去，让气氛转为尴尬。

若碰到这种情况，你最好等他们说完再过去找你认识的人，即使真有事必须即时告诉他，给他一些小动作的暗示，他就会找机会和你讲话。同时也要注意，不要静悄悄地站在他们身旁，好像在偷听一样，尽量找个适当的机会，礼貌地说："对不起，我可

与人对谈时要注意!

说话不要太快
如果说话太快导致字音不清,就会使人听了等于没听。

声音清楚
要训练自己,讲话的声音要清楚,快慢要适度。说一句,人家就要听懂一句,不必再问。

表达清楚
说话要让人明白你的意思!所以声音要清楚,意思要明白表达。

说太快,太小声啦!

这次的意大利面条,面条过多,请将面条分量减少 1/5。

好的!没问题!

音量适中
说话的声音不要太大声,注意音调大小,不要让听的人产生不舒服的感觉。

揣摩用词,说话越简练越好
话未说出时,应先在脑子里打草稿,拟几个重点。第一个反应一定要做正面肯定的回答,就算你完全不同意对方的观点,至少也要感谢他愿意花时间和你对谈。

以加入你们吗？"或者大方地、客气地打招呼，请你的朋友介绍一下，就能很自然地打破这个情况。

善于沟通，表达零障碍

误会，往往是因为说出来的话引起了别人的误解才造成的。所以，我们需要格外注意沟通的技巧，才能避免误会的发生。

谈出好薪资，将自己"卖"个好价钱

事先做好功课，了解这份工作的薪资概况

面谈前，要先决定好你所期望的薪资范围。你必须要先了解你所处的产业、事先调查好和你拥有类似产业经验的人，参考他们普遍的薪资水准。若没能事先做好准备，你手中将缺乏谈判筹码，以致无法拿到你所要求的薪水。

仔细思考你的需求

在面谈前，问自己几个重要问题：你需要多少收入来维持基本生活开销？需要多少收入才能过舒适的生活？可接受的薪资底线是多少？需要多少收入才能为你的未来存点积蓄？你是否有其他对于福利及休假制度的要求？

知道何时去牵制他们

薪资谈判就如同玩纸牌，你必须精确估算对方的意图，而不露出自己的底牌。当求职时，面试官问："你的期望待遇是？"尽量避免给一个数字。试着用以下的答复："我相信一旦我有幸得到这个工作，贵公司一定会给予公平合理的待遇。"若公司坚持要求具体数字，记得给一个范围而不要给一个明确数字，下限是你一定要的底线，上限则要比你的理想多一点。

考虑整个薪资配套

当你得到工作，很重要的一点就是考量公司的休假、退休及其他津贴内容。如果该公司在薪水上无法达到你的需求，他们或许能够在别的方面补偿你，例如：股票选择权或额外的休假时数。

公司通常不会一开始就答应给予你公司愿意提供的最高薪资，他们往往期待应征者回头来"讨价还价"。若你已做过薪资调查，并有充足的信息支持你拿到该有的薪资，那就该鼓起勇气要求再高一点的薪资。

通常只要在一个合理的协商范围或预算内，你的主管也会愿意尽量配合，毕竟选择一个合适的人才并不容易。如果你即将加入这家公司成为团队中的一分子，那么你的立场绝不是与他们对立的，必须展现十足的诚意，提出你的想法，而不是以高姿态摆出一副"全要依照我的条件，否则就免谈"！

薪资谈判小秘诀

当被问到希望薪资,要用一个区间说明,高点要定得比自己设想的高点再多一些,低点就是你所可以接受的最低薪水。

- 思考公司的需求
- 思考你的需求
- 取得平衡点

> 你想要的薪资是多少呢?

> 大概是三万到三万五之间。

双赢协商

- 事先做功课
- 注意对方意图
- 考虑薪资配套

> 我们评估过后,认为你值得这样的薪资!

> 真是谢谢!

销售要懂点博弈心理学——商场竞争必备技能

博弈论的应用

商业的思考策略就是博弈论的应用,博弈探讨的是当决策者的选择会彼此影响时,该如何思考、行动找出最佳策略。

情侣都遇到过这样的麻烦:男生想在家看球赛,女生想出门逛街,但两个人都希望对方可以陪自己,该怎么办?

两个小偷一起犯案被抓进警局,警察把他们隔离审讯。如果双方都不承认犯案,死无对证,两个人都会被释放;但如果其中一个小偷认罪,自首减刑,不认罪的就要被关更久,两个小偷该怎么办?

以上两个故事的共同点,在于"决策者的选择会彼此影响",当对方的决定会影响自己的最佳决策时,就不能不把对手的行为纳入考虑,这就是"博弈论"最原始的思考。

在商场中,先考虑对方可能怎么做,再选择自己的决策的情境很多。无论是公司对公司的策略角逐,或是人与人的互动,都有运用博弈论的例子。

举例来说,如果A公司降价促销,结果刺激对手B公司跟进,最后A公司会不会反受损失?当潜在竞争者想进入市场争夺大饼,如果公司扩厂增加产能还不能逼退对手,会不会因而浪费

日常生活、商业竞争处处皆博弈

白羊和黑羊的博弈论

山谷里,白羊和黑羊在独木桥上相遇,双方都想先过桥,谁也不让谁,该怎么办?

情人间的博弈论

但是我想出门逛街……

今天有好看的球赛,NBA冠军战。

警匪间的博弈论

罪证不是很明确,真是伤脑筋……

不是我干的!

我什么都不知道啦!

如果双方都不承认犯案,死无对证,两个人都会被释放;但如果其中一个小偷认罪,自首减刑,不认罪的就要被关更久,两个小偷该怎么办?

股东的投资？拥有和竞争对手相似的新产品开发案时，究竟是该知难而退先放弃，还是寻求合作机会？

在商业经济的范畴中，大部分状况都适合运用"非合作博弈"。非合作博弈假设：每个做决策的个体都是自利的，不会为了利他而选择合作，所以要从利润的结构、沟通的方式，用理性的推论来探讨合作的可能。

知己知彼，共生共荣

博弈的训练可让决策者更能看清事物的全貌，而业务思考策略与人谈判的艺术与科学，便是博弈论的应用。有太多时候，我们的决策会影响别人，别人的决策也同样会影响到我们，该怎么从互动的关系中，思考对方行动的意义，让自己也做出最好的决策，是专业业务员必备的修炼。

掌握议价诀窍，让产品卖出好价钱

让我们先假设一下，你卖的东西希望以 10 万元成交，但最低可以接受 9 万元的价格，所以你的议价范围是 1 万元。买主无法接受 10 万元的价码，而且目前已经到了你得降价的时候了，你要怎么开始降价呢？

首先，你可以做出比较大幅度的降价，譬如说议价范围的一半，就是降价5000元作为开始。接下来，如果你还必须降价的话，降价的金额必须一次比一次低。下一次可能是2000元，然后是1000元，最后一次降价是500元。为什么要这样做呢？因为这样会让买主有一种错觉，就是他已经把价格砍到低得不能再低了。接下来，要举例错误的方式是怎样让你陷于不利的情势。

一、如果你每次降价2500元：买主会怎么想？他会发现，每次砍你一次价格，他就赚进2500元。所以，他会不断逼你。你觉得买主会不会赌你下次降价也是2500元呢？

二、你一次降价10000元：你会觉得"我怎么可能笨到一次将所有议价空间全部放弃？"告诉你，你就是会！买方只需告诉你：我们现在有5家列入考虑的供应商，但是你提的价格偏高，不过我觉得你们公司的产品可以考虑，所以，最好的方式就是，再问一次每一家的底价后再做决定。除非你是一个身经百战的业务员，不然你一定会忍痛降到底价。问题是他们根本没有保证之后是不是会再一次比价（而且通常会继续砍你的价格）。厉害的买主会告诉你，他不喜欢讨价还价，所以买主会要求最好主动告诉他们最低售价，然后直接告诉你要还是不要。这根本就是谈判，他就是那种喜欢讨价还价的人，他无非就是希望在谈判开始之前就让你做出最大的让步。

三、一开始只降了一点点，打算测试一下买主的反应，所以

议价的诀窍

议价前，你必须了解……

- 明显说明让步的代价。
- 每项让步都需投桃报李。
- 先说条件。
- 所有议题一起谈，保持众议题之关联性。
- 把筹码按重要性分配各议题。

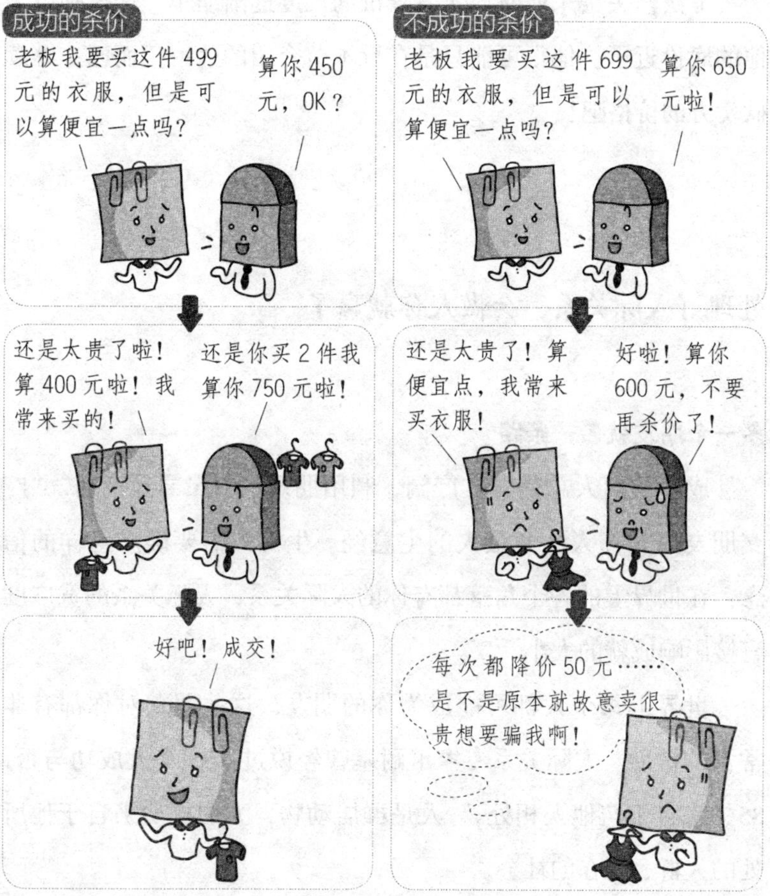

成功的杀价

老板我要买这件499元的衣服，但是可以算便宜一点吗？

算你450元，OK？

还是太贵了啦！算400元啦！我常来买的！

还是你买2件我算你750元啦！

好吧！成交！

不成功的杀价

老板我要买这件699元的衣服，但是可以算便宜一点吗？

算你650元啦！

还是太贵了！算便宜点，我常来买衣服！

好啦！算你600元，不要再杀价了！

每次都降价50元……是不是原本就故意卖很贵想要骗我啊！

你只降了 1000 元：问题在于，若是买主没有反应，你还是得继续价降。下次你只好降 2000 元，买主还是没有反应，所以你又降了 5000 元。你做了什么？你的降价幅度一次比一次大，你永远签不到这份合约，因为你让买主有了预期的心理。

下次你去买东西时，卖方降价的尺度逐渐缩小，你也别以为他的底价近了。他很可能只是在玩本节介绍的这一招而已，继续砍卖方的价格吧！

处理好人际关系，会做人你就赢了

多一个朋友就多一条路

成功的商人总是交友广阔，利用朋友的力量寻觅商机。"广交朋友"是商人从商最大的生意经。生意人需要确立这样的信念：在世界上的各个角落都有你的人际关系，人际关系的宽广度直接影响成就的大小。

世界上每个人都可能成为你的朋友，这些朋友对你都有非常大的帮助。人际关系专家卡耐基曾经说过："一个人成功与否，85%来自于与他人相处。"人是群居动物，人的成功来自于他所处的人群、所在的社会。

人际关系的重要价值表现在以下几个方面：

一、三个臭皮匠胜过一个诸葛亮：世界上只有完美的团队，没有完美的个人。团队的智慧永远大于个人的智慧，团队的力量永远大于个人的力量。个人即使再完美，也难免会有一些缺点，就是所谓人性的弱点。而团队与个人的不同在于，在一个团队当中，每个成员都可以彼此互补优势。

二、人际关系是一面镜子：人际关系是一面镜子，他们会发现一些你根本没想到的错误，他们会告诉你什么是有趣的、什么是观察入微的、什么是有碍礼节的，以及你写的行销企划、广告文案或一些行销技巧是否有效，等等。很多一个人单打独斗会出现的盲点，都能通过团队合作而获得改善。

三、通过人际关系了解你的竞争对手：所谓知己知彼，方能百战百胜。你必须掌握竞争对手的特点、动向。比如他们是否重视教育训练？是否鼓励员工进修以加强他们的技能？他们在同业中的名声如何？是否参加商展？有没有加入商业性组织？这些都是值得注意的事。

你的人际关系网是了解这些信息的最佳渠道，而且大部分的信息会真实可靠。你的朋友只会帮你，而不会去帮你的竞争对手。所以妥善地处理人际关系的大小事，多交一些值得深交的朋友，当你需要帮助的时候，你将会发现身边充满力量。

认错的哲学

真诚地认错会带给你良好的人际关系，让我们一起来了解一下认错的哲学。

怎样承认错误？

真诚是关键
认错一定要真诚。如果别人无法感受到你的诚意，那么就算是滔滔不绝，也没有半点作用。

↓

勇于承担责任
认错并不可耻，只有勇于承担责任，并尽力挽回犯错导致的损失，才是顺利解决问题的正确途径。

↓

把别人的批评当作褒奖和鼓励
如果因为犯错而受到批评，那么请感谢批评你的人，并以此作为自己前进的动力。

↓

从他人的角度考虑问题
想一想对方的立场，或许你的观点就会发生变化。反向思考，是认错的前提。

不是你去说服客户，而是让客户自己说服自己

[案例一]

销售员："您好，我是××电器公司业务员杨威，我打电话给您，是觉得您会对我公司最新推出的LED电视机感兴趣，它是今年最新的款式，全新配备了200Hz智能动感技术，色彩更艳丽，清晰度更高，而且是超薄的，还节能省电……"

客户："哦，我们的电视机，凑合着还能用，LED电视目前还不需要。"

销售员："哦，是这样，请问您喜欢看体育比赛吗，比如说F1赛车？"

客户："是啊，F1是我最喜欢的体育赛事了。"

销售员："不知道您有没有注意过，看比赛的时候，画面会有抖动和闪烁的现象，看着非常不清晰。有时候，还有拖尾现象。"

客户："是啊，是啊。每次都让我非常郁闷，但我一直认为电视机都是这样的。"

销售员："不是的。其实采用一些智能技术之后，就可以消除这些令您不爽的现象。比如说我们的这款电视，就可以通过自动分析相邻两帧的运动趋势并生成新帧，彻底消除画面的抖动和闪烁现象，画面就像丝绸一样平滑顺畅。要不您改天来亲身感受一下？"

客户："听起来不错，那我改天去看一下吧。你们最近的销售点在哪儿？"

[案例二]

情人节的前几天,一位销售员给客户家里打电话推销化妆品。接电话的是男主人。

销售员:"先生,我是×××化妆品公司的美容顾问罗斯,我们公司的化妆品是公认的好牌子,深受广大爱美女性的喜欢。我想您的夫人可能想买套化妆品。"

客户:"化妆品?我太太没准会喜欢,她一向就爱打扮。但她今天不在家,我没法替她拿主意。"

销售员:"先生,情人节马上就要到了,不知您是否已经给您太太买了礼物?我想,如果您送一套化妆品给您太太,她一定会非常高兴。"

客户:"嗯。"

销售员(抓住时机):"每位先生都希望自己的太太是最漂亮的,我想您也不例外。"

客户:"你们的化妆品多少钱?"

销售员:"礼物是不计价钱的,要送给心爱的太太,当然挑最好的。"

于是一套很贵的化妆品就推销出去了。

客户最不喜欢被人说服和管理,尤其是自己不喜欢的人。对于新客户而言,你还不足以让他产生对你的信任,这个时候你最好别把自己的意见强加给客户。人们讨厌被推销员说服,但是喜欢主动做出购买决定。推销员的目标就是:帮助人们对他们购买的产品感到满意,从而自己说服自己,也就是让客户认识到自己的需求。

［案例一］中的销售员就很善于引导顾客发现自己的需求。

首先,肯定客户的说法。销售员向顾客介绍 LED 电视机,而顾客表示暂时不需要。这时候,如果继续向顾客介绍产品,得到的回答必然是拒绝,销售员很聪明地及时打住了。

然后,话锋一转,问顾客是否喜欢看体育比赛。这是很家常的提问,顾客不会有防范意识。接下来就自然地提到电视机技术,从而激发顾客对 LED 电视机的兴趣。之后的产品介绍就水到渠成了。这个过程是销售员为客户创造需求的过程,最终以销售员的胜利而结束。

跟［案例一］类似,［案例二］中的销售员是抓住了情人节这个契机推销成功的。

一上来,推销员反复向男主人介绍化妆品的好处,结果并不理想。这时,销售员灵机一动:"如果您送一套化妆品给您太太,她一定会非常高兴。"结果那位男主人果然心动,当他询问价钱时,推销员又机智地说:"礼物是不计价钱的。"最后化妆品以原价成交了。推销员正是抓住了"情人节"这个契机,成功销售了昂贵的化妆品。

抓住新旧需求的拐点,既是考验销售员的随机应变能力,更是一场与客户的博弈。

"没有需求"型的顾客很多情况下并不是真的没有需求,只是出于本能的防范心理，不愿意被销售员缠住。但是销售员如果能发挥思维优势，提出让顾客感兴趣的事情，他也愿意和你交流。这时候要及时把握好客户关注的焦点，让自己有机会在和客户沟通的过程中，掌握好客户的真正需求所在，进而促进成交。

第三章

给顾客一个购买的理由：把好处说透，把益处说够

不轻易放弃，为顾客找一个成交理由

有经验的房产业务员可以很快地分辨出卖方客户的类型，从心态好坏和房子卖相去判断案件的难易度。其中最怕碰到不好的房子，且屋主心态很强势，不愿意降低价格。

遇到这样的客户，有经验的房产业务员在主动分析市场行情之后，不会急着马上要求屋主降价。通常经过一个月后，看房的人变少了，屋主自然会软化，这时再进行沟通，调降价格也会更容易。

了解无法成交的真实原因

有时候屋主不愿降价，其实是有难言之隐。一名业务员曾经接过一个案子，菜市场中最好的黄金店面求售。当时店面的屋主是一位老太太，她说自己年纪大了，没办法继续卖水果，想把店面卖掉。老太太开了3800万元的天价，虽然是地段最好、每月有二三十万元的租金收入，但是行情不过2000多万元，几次与老太太沟通降价，老太太总是不肯松口。

不轻易放弃

一般业务员遇到这样的瓶颈很快就放弃了，但是这名业务员

谈判过程中,让对方无法对你说"不"的方法

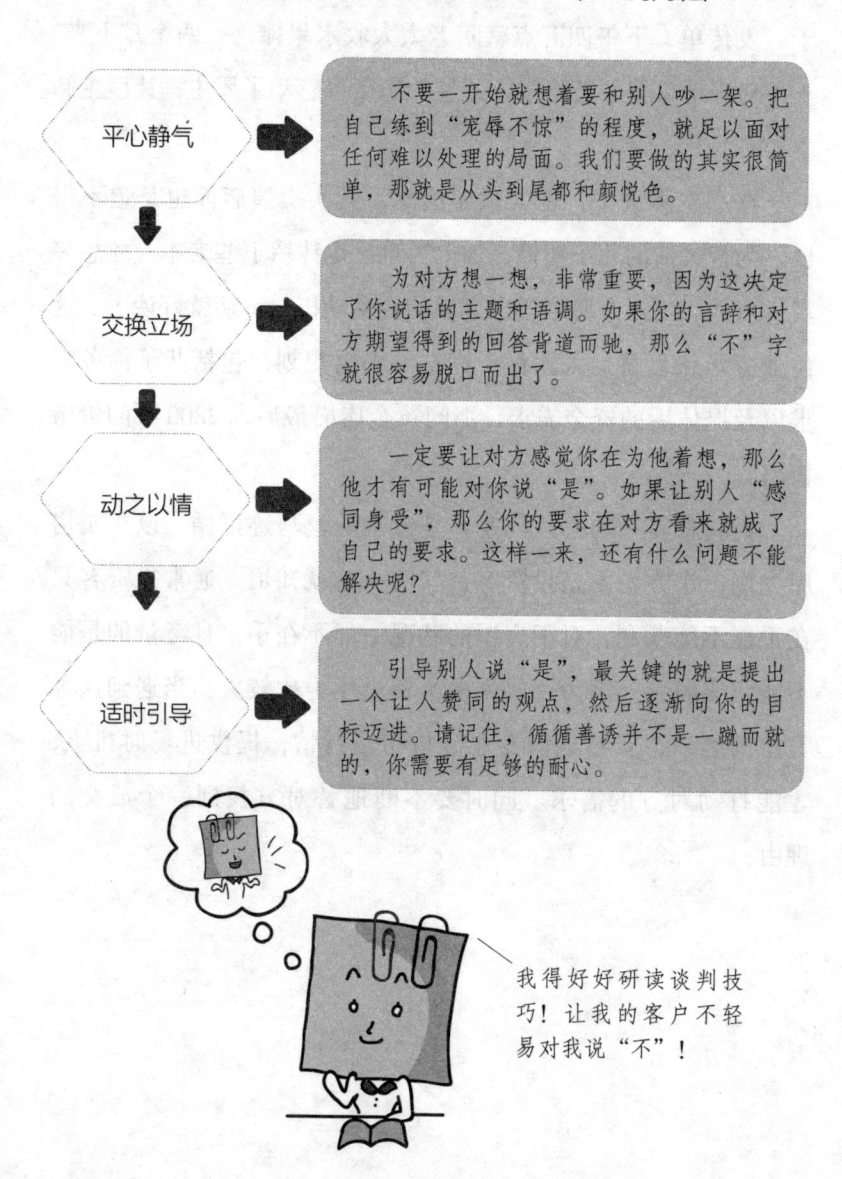

平心静气 ➡ 不要一开始就想着要和别人吵一架。把自己练到"宠辱不惊"的程度,就足以面对任何难以处理的局面。我们要做的其实很简单,那就是从头到尾都和颜悦色。

交换立场 ➡ 为对方想一想,非常重要,因为这决定了你说话的主题和语调。如果你的言辞和对方期望得到的回答背道而驰,那么"不"字就很容易脱口而出了。

动之以情 ➡ 一定要让对方感觉你在为他着想,那么他才有可能对你说"是"。如果让别人"感同身受",那么你的要求在对方看来就成了自己的要求。这样一来,还有什么问题不能解决呢?

适时引导 ➡ 引导别人说"是",最关键的就是提出一个让人赞同的观点,然后逐渐向你的目标迈进。请记住,循循善诱并不是一蹴而就的,你需要有足够的耐心。

> 我得好好研读谈判技巧!让我的客户不轻易对我说"不"!

却不放弃，每天早上到市场摆张桌子，挂着"售黄金店面"的牌子、发传单，下午四五点就陪老太太收水果摊，一两个月下来，不但对当地市场了若指掌，诚恳的态度也感动了屋主，让屋主卸下心防。

　　在一次聊天中，老太太才透露，其实卖掉店面也是迫不得已，为替欠债的儿子偿债，加上为自己退休留下些老本，才想多卖一点钱。当对方愿意说出卖屋的真实动机，一切就好谈了。这位业务员认真替老太太做了完整的理财规划，包括儿子债务需求以及退休后的资金需求，那间黄金店面最后以2800万的价格售出。

　　要洞悉客户的心，其实不是没有蛛丝马迹可循。以买卖房屋为例，卖方是不是投资客，其实一看就知道。通常投资客只在乎能不能获利，对于房屋的状况一般不在乎，且考量的是能不能短线脱手，因为这些人多半资金压力比较大；当遇到这种类型的客户，要对他们专业分析市场行情，提供进场时机点，才能打动对方的需求。同时要不断地替对方找到一个成交的理由。

划着的火柴才能点燃蜡烛，客户只买"热情"的单

这是发生在美国的一个真实故事：

一个风雨交加的夜晚，一对老夫妇走进旅馆的大厅，想要住宿一晚。无奈旅馆的夜班服务生说："十分抱歉，今天的房间已经被早上来开会的团体订满了。若是在一般没有空房的情况下，我会送两位到其他的旅馆，但外头下着大雨，两位何不待在我的房间呢？它虽然不是豪华套房，但还蛮干净的，因为我必须值班，我可以待在办公室休息。"

这位年轻人很诚恳地提出这个建议，老夫妇也大方地接受了。隔天，老先生前去结账时，柜台仍是昨晚的这位服务生，他依然亲切地表示："昨天您住的房间并不是饭店的客房，所以我们不会收您的钱，也希望您与夫人昨晚睡得安稳！"

老先生点头称赞："你是每个旅馆老板梦寐以求的员工。"

几年后，他收到一位先生的来信，信中说了那个风雨夜晚所发生的事，另外还附有一张邀请函和到纽约的往返机票，邀请他到纽约一游。在抵达曼哈顿后，服务生在某个路口遇到这位当年的旅客，而这个路口正矗立着一栋华丽的新大楼。

老先生说："这是我为你盖的旅馆，希望你来为我经营。"

服务生惊奇莫名："您是不是有什么条件？为什么选择我呢？您到底是谁？""我叫威廉·阿斯特，我没有任何条件，我说过，

你正是我梦寐以求的员工。"

　　这旅馆就是纽约最知名的华尔道夫饭店,这家饭店在1931年启用,是纽约极致尊荣的地位象征,也是各国的高层政要造访纽约下榻的首选。

　　当时接下这份工作的服务生就是乔治·波特,一位奠定华尔道夫世纪地位的推手。毋庸置疑的是他遇到了"贵人",可是如果当天晚上是另外一位服务生值班,会有一样的结果吗?

　　人间充满着许许多多的因缘,每一个因缘都可能将自己推向另一个高峰,不要忽视任何一个人,要学习对每一个人都热情相待、把每件事都做到完善、对每一个机会都充满感激。

一般谈判中，谈判对手角色关系图

技术性买家

审规格的人
只能说"NO"，不能说"YES"

使用者

只管使用

谈判对手

顾问

咨询的对象

经济性买家

付钱的人
点头说"YES"的人

打造品牌形象，建立欲望诉求

运动比赛如何建立欲望诉求

"运动"被形容为"印钞机"，运动早已不再只是单纯的休闲活动，运动独特且迷人的特质，加上背后代表的庞大消费人群，已经受到商业体制的青睐，成为广大商机所在。立场不同的卖方（企业）与买方（消费者），借由运动事件产生共同焦点，并形成共鸣与共识。在运动行销里，企业与消费者都不是主角，但是双方为了心爱的运动有钱出钱、有力出力，而使消费者对企业主因比赛的感动、因话题的共鸣而产生好感，而这份感觉通常来自心里的真正认同。因此，其所塑造出来的企业形象，当然更能真正深植人心、不易撼动，甚至还可以直接带动业绩，此即为运动行销最大魅力的所在。

统一狮队曾经在1991年、1995年、1996年、2000年、2007年、2008年、2009年七度获得年度总冠军，是和兄弟象队并列夺冠次数最多的球队，且累积胜场数、参与季后赛次数及各项大小球员累积数据皆为前三名，是中国台湾职业棒坛公认的传统劲旅。2008年由于统一超商7-11，是统一企业集团旗下最深入消费者心中的品牌，母企业指示球团改变经营及行销政策，以7-11标准字作为客场球衣主题字，以利展开全方位的通路行销。但台

打造品牌形象，才能建立欲望诉求

一旦成功地打造出品牌的价值，让对手对这样的商品产生欲望，消费者想使用的感受提高，市场效益就会增加。

化妆品市场

小姐你好，今天我们有新推出的口红，最近贵妇都用这种颜色。

真的吗？虽然没有贵妇有钱，但是营造一种贵妇的感觉也很开心。

电脑市场

你看那个设计师手上拿的是××电脑，感觉很专业。

对啊！××电脑就是给人一种很专业的感觉！

湾职棒联盟规定球衣主题字只能使用队名，因此统一狮队在2008年注册队名更改为"统一 7-ELEVEN 狮"队，成为中国台湾职棒首次有企业品牌名称加入队名的球队。

　　观察棒球运动在台湾的行销操作，绝大多数赞助企业仍基于营利的本质，对于理念的培育与经营，仍停留在考虑理念对于企业所贡献的商机，所以多数棒球行销操作仍停留于单纯的品牌赞助或外部资源的结合等；对于求新求变的消费族群，运动行销本质需有适当的转换，以形成具有独特色彩的议题，例如：台湾职棒与STAYREAL的合作，既强调了其与旧有运动观念的差别，也更融入了目标对象的生活形态中。

　　运动不过就是在等赢的那一刻，之前的准备、过程中的加油集打气、结束的鼓励，即为运动行销形塑理念与议题的发展空间，如何以消费者的生活体验为出发点，整合规划出最能体验"赢"的媒介，让消费者在无形中感觉与支持球队以及品牌站在同一边时，就是运动行销产生共鸣力的结果。

善用顾客的恐惧心理，快速达成交易

　　谈判成功除了本身的专业及商品的实力之外，最主要的是能迎合客户的心理："恐惧"与"希望"这两股拉推的力量。前者是推离现状，后者是拉向目标，当"推离现状"与"拉向目标梦想"的刺激够强时，客户就会付诸行动而达成交易。

周瑜请诸葛亮商议联合对抗曹操的事。他说采取水战，最重要的是弓箭，而眼前军队正缺少箭，他便请诸葛亮在10天内造出10万支箭来。诸葛亮摇头说："现在军情紧急，我可以在3天之内造出10万支箭。"周瑜不以为然地说："军中无戏言，军师此话当真？"诸葛亮点点头，当场写了军令状。

鲁肃到诸葛亮的帐中探望，诸葛亮请鲁肃帮他的忙，要鲁肃借给他20艘船，每艘船上要有30位士兵，并扎1000个草人摆在船的两边。

一连两天，诸葛亮一副悠闲自在的样子，一点造箭的迹象都没有。直到第三天深夜，诸葛亮才把鲁肃找来，让鲁肃和他去取箭。鲁肃跟着诸葛亮来到江边，心想：三天也没见到你造出一支箭，这会儿是要到哪里去取箭呢？鲁肃见诸葛亮命令士兵把20艘船用绳子绑在一起，然后两个人一起上了船，直往长江北岸驶去。

这时江面上突然雾气弥漫，鲁肃有些不安，他说："咱们现在势单力薄，万一曹军杀出来，逃都来不及了！"诸葛亮笑着说："等雾散了咱们就可以回江南了。"

到了五更天的时候，船已经离敌军曹操的水寨不远了。诸葛亮命令所有的船只排成一排，头朝西、尾朝东，并叫船上的士兵齐声呐喊。曹军见江上鼓声震天、呐喊声不断，赶紧去报告曹

善用恐惧心理

在商业谈判中巧妙利用对手的恐惧心理,也是制胜的良方。

恐惧 推离现状 → **希望** 拉向目标 → **目标理想**

草船借箭

现在军事紧急,我要你在10天内造出10万支箭来。

没问题,我可以在3天内造出10万支箭。

我们势单力薄,万一曹军杀来就来不及了。

等雾散了,我们就可以回江南了。

已经过去两天了,也没见你造出一支箭?

吴兵突然来袭,必有埋伏,叫士兵们赶紧放箭!

谢谢曹丞相赐箭!

操。曹操见江上大雾弥漫，吴兵突然来袭，料必有埋伏，于是叫士兵们不可轻举妄动，只是命弓箭手不停向江上射箭。

曹兵万箭齐发，一支支的箭都插在船侧的草人上，等到插满了箭，诸葛亮就命船掉过头来，就这样，另一面的草人身上也插满了箭。

"草船借箭"的故事里，诸葛亮便是利用曹操恐惧的心理巧妙达到自己借箭的目的。在商业谈判中巧妙利用对手的恐惧心理，也是制胜的良方。

用服务增加品牌价值，让顾客感觉物超所值

当今，消费者购买的绝不再仅仅是产品的本身，而是与产品相关的一系列价值，特别是情感价值，俗话说"情义无价"。消费者购买同质的产品时，往往受情感价值的驱策，然而消费情境前、后的体验同样很重要。

提供"体验"的乐趣

事实上，无论我们将产品和服务销售给个人还是团体，现在的顾客都需要体验。体验给他们带来趣味、知识、转变和美感，也正是对这些永恒特性的更多渴求带动了体验行销，促进了体验经济的进一步发展。一些大型的企业开始设立俱乐部的方式，

让消费者终极体验作为他们品牌高端消费者尊贵的 VIP 服务的享受。

必胜客作为全球著名的快餐品牌，其打造的"欢乐面孔"有三大主要诉求："欢乐美食""欢乐环境""欢乐服务"。"欢乐美食"为顾客提供了数十种不同口味、卫生可口、品质优良的比萨，同时为配合不同国家的饮食习惯，量身打造了适合当地饮食的特色产品。

必胜客通过为顾客创造一系列的欢乐体验，使它的品牌精神得到了细节上的体现，打造了一种以"欢乐、休闲、情趣、时尚、品位"为主题的餐饮模式。

很多汽车品牌都推出了"试乘"活动，通过试乘这一体验式的感受，让消费者感受自身车辆的独特优势。汽车公司东风悦达·起亚推动的"百辆远舰·百人百日免费试乘活动"，让更多的消费者通过情感体验，"志在确立中级车市场新概念"，为该领域目标消费群体确立清晰、超前的品牌内涵。

将情感服务作为企业品牌价值

在产品越来越同质化的时代，产品的价值更多地体现在情感服务上。满意度是客户最基本的要求。建立客户忠诚度才是我们的最高追求。更多的企业越来越把情感服务作为企业品牌价值和市场行销的主题元素。

服务是一种态度，它需要热情；服务是一种感觉，它需要真

商业套餐

员工与老板开会　　　　　　　情人约会

这个提案，你务必要在下周一前再调整一下，否则很难过关……

唉……

这个连续假期我们去××玩好不好？

好啊！

同样的餐点，跟不同对象享用，在感受上往往有很大的差异。

必胜客成功打造了一种以"欢乐、休闲、情趣、时尚、品位"为主题的餐饮模式。

第三章　给顾客一个购买的理由：把好处说透，把益处说够　　63

情。只有感动才能创造巨大的购买力。也就是说，企业真正销售的并不止是物质，而是温馨的氛围；企业真正提供的并不止是服务，而是情感体验。单纯的价格战已越来越远离消费者的期待，充满人情味的价值战正成为商家竞争的必然选择。

价值与价格的差异

价值 主观的、无法量化的、因个人的（价值）观念而不同。
价格 客观的、可量化（金钱化）。

用顾客的语言说话，让沟通更顺畅

用听众的语言说话

说话时要注意，尊重对方的文化差异，尽量用对方较容易接受的语言来表达和交流。当人们在沟通时，通常会对与他们使用相同表现方式的语言者立即产生好感与亲和感。

有位补习班讲师因为工作需要，时常得赶搭高铁。这天授课是星期五，他与另一位同事相约一同搭出租车至高铁站。于是课程结束时，讲师立即将电脑关机，收拾好文件准备离去。此时，突然一位女同学跑过来说："老师，可以提供刚才上课的解答教案吗?"尽管心里有点急,但他仍面带微笑回答说:"我的电脑关机了,我会请秘书小姐发电子邮件给你。"接着不等她回答,就三步并两步地离去,在离去之前,隐约听到那位女同学小声说"关机还可以再开机啊"等类似抱怨的话。粗线条的讲师也不以为意,就跟着同事搭车离开。

星期一——早上班时,讲师就接到来自教育训练的同仁的关切电话。原来那位女同学在讲师离去后随即向公司投诉:"某某老师授课不认真、态度不好,建议开除这名讲师。"听完同事的转述时,讲师顿时觉得百口莫辩。

心情平复之后,仔细回想事件的争议点,原来就是没有以对方的语言说话,形成鸡同鸭讲的局面。以这件事来说,当对方要求提供解答档案时,她在意的是能否拿到解答教案。但是讲师却回答关机了,让对方误以为是老师懒得开机,所以不愿提供解答教案。

避免因误会造成危机

如果当时能稍微多花 5 分钟的时间,清楚地告知对方无法给教案的真正原因,同时,当听到同学的抱怨时,也应该立即回应,了解对方实际的需求,或者,时间上真的来不及,也可在出租车上拨电话给训练组同事,寻求协助,请他们代为个案处理,如此才能避免造成同学的误会,也让自己化解一次信任危机。

如何使用对方的语言

受过训练的聆听者会很快了解对方的优势语言,然后用同样的方式回应对方。

听觉方式

当汽车乘务员用听觉方式和他的顾客交谈时,他会这样打开话匣子说:

> 你可以听到这部汽车的机件运行得很安静,声音小得好像小猫的叫声。

视觉方式

对一个用视觉方式交谈的顾客,他会用手擦汽车的外壳说:

> 你看这部汽车的柔滑线条。车身的颜色光滑明亮,和汽车内部的颜色十分配合。

感觉方式

对一个用感觉方式交谈的顾客,他会打开车门,说:

你试试坐上这个座位，感受那种舒服和柔软坐垫的感觉。想象一下，你坐在这舒适的座位，手握着方向盘的那种感觉。

建立信任关系，培养顾客忠诚度

任何一个生意的基础，靠的是双方建立起来的相互信任。通常人们只愿意与那些了解的、喜欢的和信任的人做生意，信任就是销售的基础。

在销售领域内，信任有3个来源：

1. 对我们公司的信任。

2. 对业务员的信任。

3. 对我们所提供服务（产品）的信任。所以，一旦让客户产生信任感，就等于成功了一半。

针对与客户建立信任关系这个问题，我们将分两个层面进行探讨：公司层面和销售人员层面。

公司层面

一、在公司层面建立信任关系，企业需要提供以下支持：

（1）广告（软、硬广告）影响目标客户，业务员与客户接触之前，就已经对他们有所了解。

（2）宣传材料：公司制作和准备专业而精美的宣传材料很重要。如果客户接到你的资料后有种耳目一新的感觉，肯定会对公司产生深刻的印象，也利于下一步工作的开展。

二、专业的网站：互联网络迅速发展的今天，网站已成为客户初步评估供应商的一个窗口，所以一个专业而漂亮的网站也会为企业增加不少的信任度。

三、相关案例和客户评价：有些客户需要这些材料来建立信任度，他们喜欢听第三方的意见。所以，要随时准备一些可以帮助他们产生信任感的故事给他们听，例如：客户的评价信。

销售人员层面

在大部分情况下，销售人员层面的信任关系要比公司层面的信任关系重要。因为大部分客户是通过与业务员的直接接触来形成对公司的第一印象，即使在这之前他可能看过我们的广告、听朋友说起过，但这些都是间接印象。如果业务员的表现让客户产生不信任的感觉的话，那完成销售将是困难的。

信任感的建立，会使顾客习惯和你做生意

客户生命周期——客户的成长策略

喜好忠诚度：一种态度上喜好所引起的忠诚。
习惯性忠诚：因使用者的使用惯性而引起的忠诚。

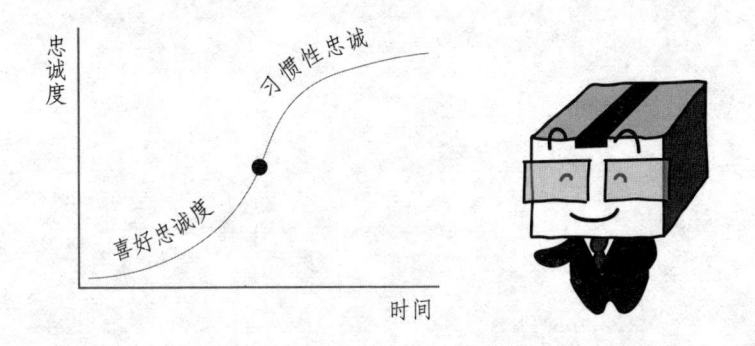

信任关系——信任金字塔

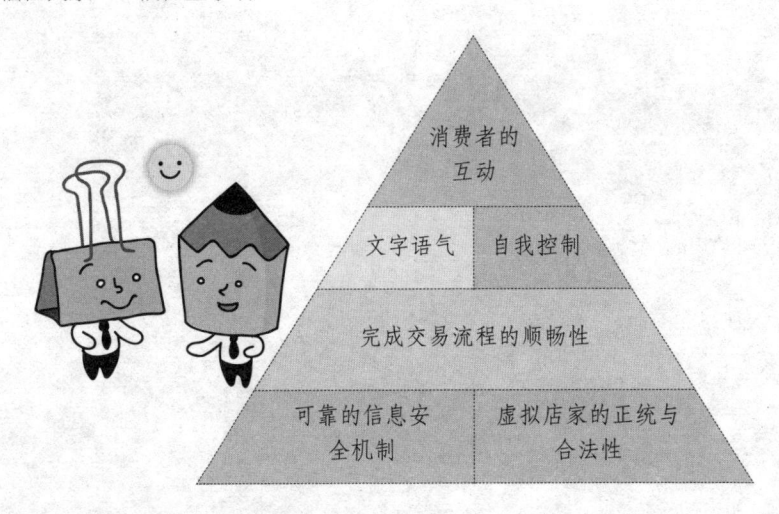

消费者的互动

文字语气 | 自我控制

完成交易流程的顺畅性

可靠的信息安全机制 | 虚拟店家的正统与合法性

第三章　给顾客一个购买的理由：把好处说透，把益处说够

第四章
销售就是要玩转情商,见什么人说什么话

对实际型对手，要思考其真正的需求

重视结果

实际型对手个性独立，坦率、果决、实际且讲求效率，许多企业主管的风格以这个类型居多。

实际型对手最重视的是最终的结果，因为个性急切，性格果断，你必须仔细聆听他们所要达成的目标，并针对特定问题尽快切入主题。尤其论述过程必须准备周全，有事实及证据，最好提出几种不同的方案及可能的风险，同时须避免漫无目的的谈话。

思考顾客真正的需求

很多业务员在面对客户的问题时，并不会先去分析该以哪个层面为优先，所以常发生误会：

"我后悔上个月买的那份投资型保险，它的获利率似乎不像你说得那么稳健。"客户对保险员抱怨。

很多保险员会这么回答："可是您现在解约的话，之前缴的费用恐怕不能退回！"这基本上是失败的话术，因为客户的第一层问题是"我该如何获利"，所以你必须给他"如何转换投资标的"或"如何选择标的"等建议，应该用将心比心的态度去思考他提出抱怨的

实际型对手

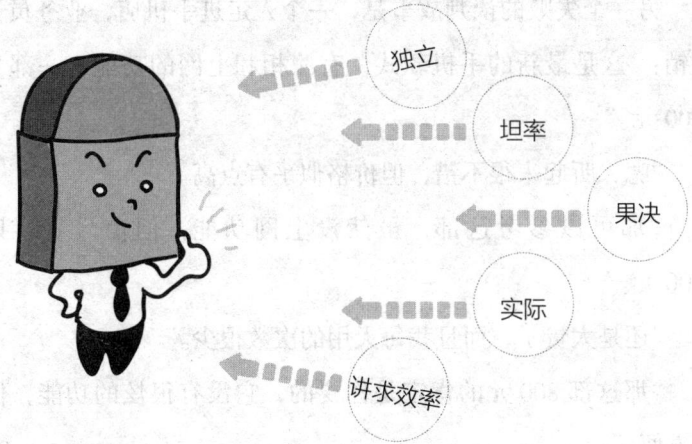

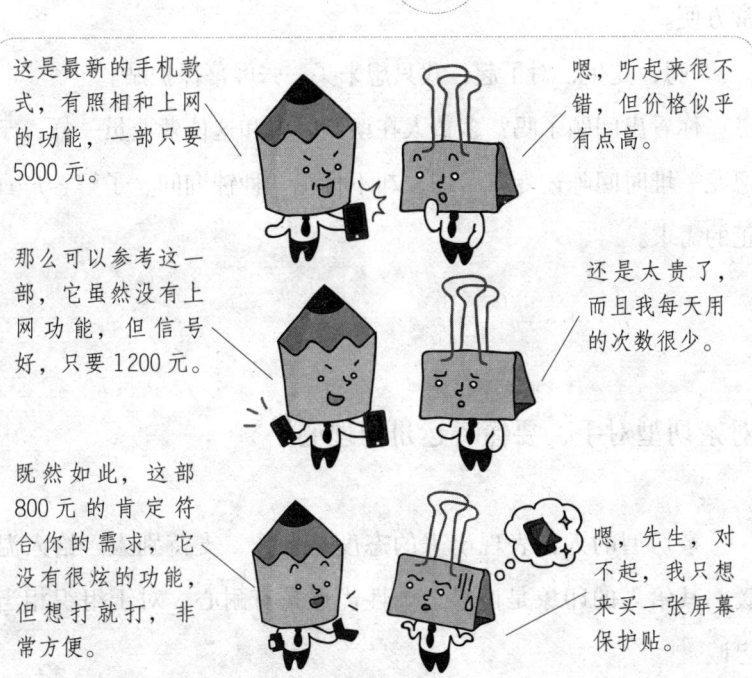

- 独立
- 坦率
- 果决
- 实际
- 讲求效率

这是最新的手机款式,有照相和上网的功能,一部只要5000元。

嗯,听起来很不错,但价格似乎有点高。

那么可以参考这一部,它虽然没有上网功能,但信号好,只要1200元。

还是太贵了,而且我每天用的次数很少。

既然如此,这部800元的肯定符合你的需求,它没有很炫的功能,但想打就打,非常方便。

嗯,先生,对不起,我只想来买一张屏幕保护贴。

原因，而不是一开始就让双方无台阶可下，以致生意告吹。

另一个失败的谈判故事是，一个人走进手机店，业务员开始推销："这是最新的手机款式，有照相和上网的功能，一部只要5000元。"

"嗯，听起来很不错，但价格似乎有点高。"

"那可以参考这部，虽然没上网功能，但信号好，只要1200元。"

"还是太贵了，而且我每天用的次数很少。"

"那这部800元的肯定是你要的，它没有很炫的功能，但非常方便。"

"嗯，先生，对不起，我只想来买一张屏幕保护贴。"

你看出问题了吗？多数人在谈判时就和这位营业员一样，宁愿花一堆时间陈述专有名词，却不肯花一秒钟询问、了解客户真正的需求。

对亲切型对手，要懂得运用同理心

亲切型的人，表现出来的态度是合作、支持别人、给人温暖，其给人的印象是诚恳，个性优点是有耐心，对于组织相当忠诚。

亲切型对手

- 合作 →
- 支持别人 →
- 给人温暖 →

← 诚恳
← 有耐心
← 忠诚

亲切型代表人物

要懂得站在对方的角度上思考。

亲切型代表人物

对员工有同理心

懂得站在对方的角度上思考

亲切型对手通常都具备同理心,站在对方的角度上思考问题,表示支持与关怀。以销售为例,如果所要沟通的销售对象属于亲切型,那么你必须了解此类型的人希望你也能对"他个人及他的问题表示关心"。

要销售产品或服务给亲切型的人,你必须有长期抗战的准备,慢一点、花一点时间与其建立彼此间的良好友谊,给予温暖与诚挚的关心;若双方素不相识,建议先闲聊一下再进入正题,可以提一提他们可能认识的人,拉近彼此之间的距离;尽量避免会谈一开始就立刻进入主题,或者冷淡地只谈公事,这都不是亲切型的人所喜欢或习惯的互动气氛。

同理心包括了两部分,首先是站在对方的立场去了解当事人的感受及世界;其次是沟通,把所了解的表达出来,让对方了解你明白他的感受。

同理心的重要性

当你有同理心时,会设身处地想想你的客户的立场和感觉。当觉得对方无理取闹、要求太多、不肯让步或是不可沟通的时候,换个立场想想,假如你是他,是否会比他更激烈、要求更多。

如果能做到同理心,你就能理解对方的需要,所提出的条件就更能符合他的需求,也就能使他感受到你的诚意。同样,要求他人按照你的要求去做,若能做到同理心,以他的角度思考利害关系，则对方会感受到你的建议是对他有利的，而不觉得有欺骗之感，当然就乐意去做。

顾客的要求不一定是"对"的，但是他一定会有自己的偏好。你要去迎合他的偏好，才是成功的服务。假如你坚持自己才是对的，去跟客人争输赢，即使你争赢了，最后输的还是自己。

各取所需，让对手接受双赢的结果

各取所需

谈判为什么可能双赢？因为双方赢得不一样的东西。举例来说：我在你们家附近开花店，为了招揽顾客，我把价钱压得很低。你们买到便宜的东西，很开心；我因此取得了你们社区的信任与接纳，我也很开心。这就是双赢，双方赢得了不一样的东西，在特定的时空下，各取所需。

有一个故事，兄妹俩为分一块馅饼发生了争吵，两个人都坚持自己要一块大的，又都害怕被对方欺骗了。正当男孩准备给自己切一大块时，父亲来了。父亲说道："等等，我不管你们由谁来切，但是切的人必须让对方先选饼。"当然，小男孩为了保护自己的利益，会把馅饼切成同样大小的两块。

这个故事说明了：在许多情况下，双方的利益不一定都是对

谈判架构

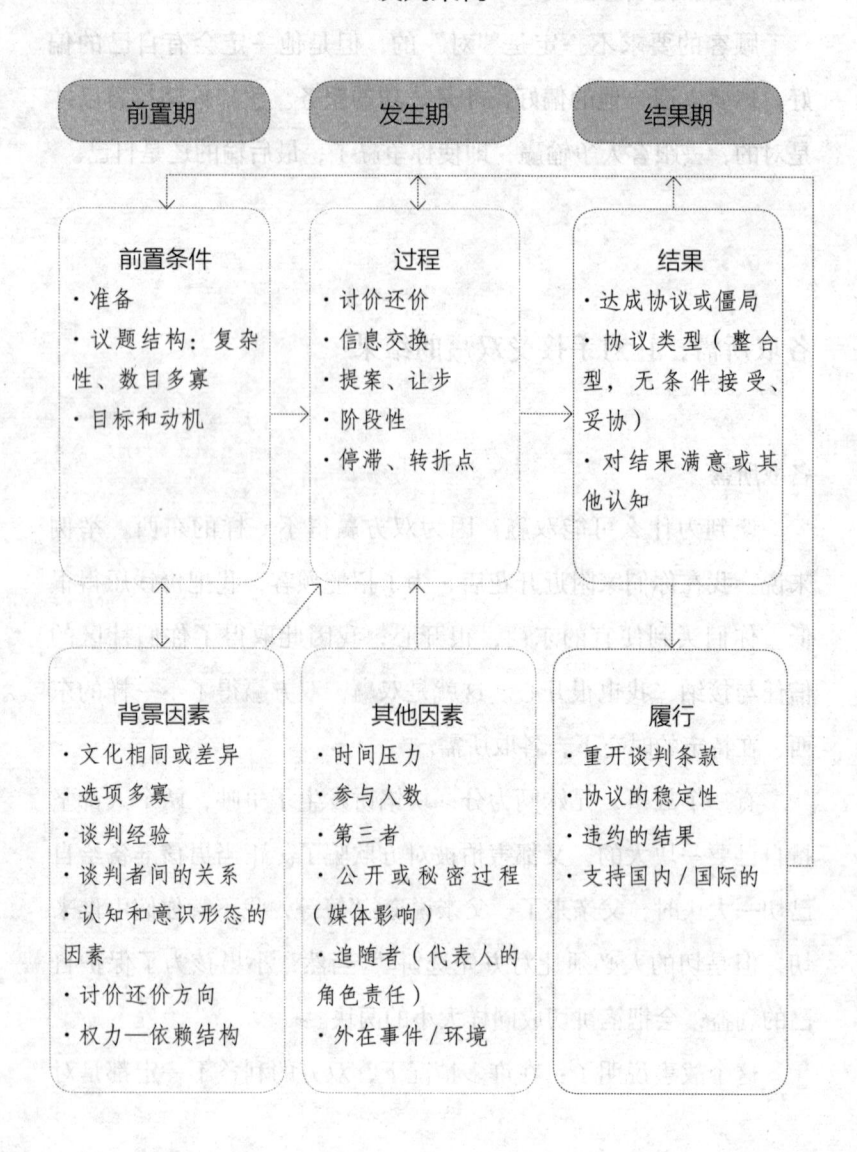

前置期 → **发生期** → **结果期**

前置条件
- 准备
- 议题结构：复杂性、数目多寡
- 目标和动机

过程
- 讨价还价
- 信息交换
- 提案、让步
- 阶段性
- 停滞、转折点

结果
- 达成协议或僵局
- 协议类型（整合型，无条件接受、妥协）
- 对结果满意或其他认知

背景因素
- 文化相同或差异
- 选项多寡
- 谈判经验
- 谈判者间的关系
- 认知和意识形态的因素
- 讨价还价方向
- 权力—依赖结构

其他因素
- 时间压力
- 参与人数
- 第三者
- 公开或秘密过程（媒体影响）
- 追随者（代表人的角色责任）
- 外在事件/环境

履行
- 重开谈判条款
- 协议的稳定性
- 违约的结果
- 支持国内/国际的

立的。如果把谈判的焦点由击败对方转向双方共同获利问题，那么最后双方就都能获得好处。这就是"双赢"的谈判！

让对手接受双赢的结果

当然，要达到双赢，不能光靠我们自己的修养，有时还必须用时间挫挫对方的锐气，让他放弃独赢的想法，接受双赢的结果。

另外，运用谈判战术，去改变对方心中的价值排名顺序也很重要。比如我们在争两个东西：A 和 B。A 在优先顺序的排列上，是我的第一优先，但只是你的第二顺位。B 是我的第二顺位，却是你的第一优先，于是在"求异"的原则下，我们就可以交换，你给我 A，我就给你 B。于是大家都得到最想要的东西了，这就是双赢。

可是如果双方想要的和一定要的都一样呢？那就有冲突了，怎么可能双赢？这时就必须设法说服对方：对他而言，A 在"此时此刻这个时间点"上，没那么重要，最多也只是个想要而已，未必一定要。只要他被说服，价值位阶改变了，谈判还是可能双赢。

最佳状况是双赢谈判的主要目标是让双方都相信自己赢得了最佳交易。双赢并不表示没有任何牺牲，但双方的痛苦是对等的，双方通过某个方面的让步，获得等价的东西。

掌握问话技巧,引导客户向你的预期方向转化

初次见面如何和客户沟通,好的业务员和销售员不只是侃侃而谈,更要注意适当地提问和聆听。

以房屋销售为例的问话技巧

一、多提问

1. 办公还是居住?(安排功能)
2. 您要看多大的面积?(锁定户型)
3. 家里的人口数?(安排户型)
4. 喜欢安静吗?(安排位置)
5. 您的生活品位?(投其所好)
6. 您从事的工作?(确定性格)
7. 购房预算?(确定付款方式)
8. 第几次置业?(客户成熟度)

多提问,客户肯定会多回答,我们就可以多了解客户的需求,也可以从各个方面下手,全方位为客户处理到位。

二、多聆听,并思考

1. 客户的满意点在哪儿?客户的不满意点在哪儿?
2. 他需要什么?他是否已动心?
3. 他是否对你放心?
4. 他的购买动机?

问话的技巧

如果你是一个懂得寻找话题的人

互相尊重是愉快交流的前提：

刘先生，请问您从事什么工作？

我是开出租车的。

真不错，那我以后坐车可以找您吗？

不仔细聆听，就无法了解对方的想法：

我之前试做过很多工作啦！卖过保险，代理过印刷机，不过我做得最久的，还是服装销售！

你一定知道怎样尊重别人

你一定知道怎样聆听

你一定知道怎样察言观色

你一定知道怎样请教别人

你这顶帽子好特别，是在哪里买的呢？

这是便宜货啦！不过我特别喜欢！

观察对方衣着、打扮，是寻找话题的好办法。

封面设计您是专家，我有两个问题，可以请教一下吗？

没问题，请讲！

请教的另一个意思是"尊重"。

第四章 销售就是要玩转情商，见什么人说什么话

5. 他的最大心愿？

6. 他的困难在哪里？

在你向客户提问的时候，不要光顾着自己说话，关注一下客户的表情和回答。客户关键不是想要你帮他什么忙，而是在意你是否关注他，是否在听他说话。

聆听到位，即使你在整个销售过程中话不多，同样也可以获得客户信任。

善于察言观色，好的销售员都是心理学家

2007年的春节，陈先生全家参加旅行团到意大利过年。有一天晚上，团员们到下榻旅馆对面的百货公司买土特产。其中一个摊位是卖羊毛围巾的，另一个摊位是卖彩绘面具等纪念品的。

这群太太问卖围巾的多少钱，对方开价40美元，结果一杀价杀到20美元，太太们大乐，纷纷抢购。这时旁边卖彩绘面具的老板，眼睛滴溜溜地看着这群人。就算他不会讲中文，也猜得出她们在讲什么："打对折！"

所以等到这群太太买完围巾，再来买彩绘面具纪念品的时候，假如一个彩绘面具原本定价25美元，当这群太太问他多少钱的时候，你认为这个意大利老板会说多少钱？至少50美元！

好的业务员需具备察言观色的能力

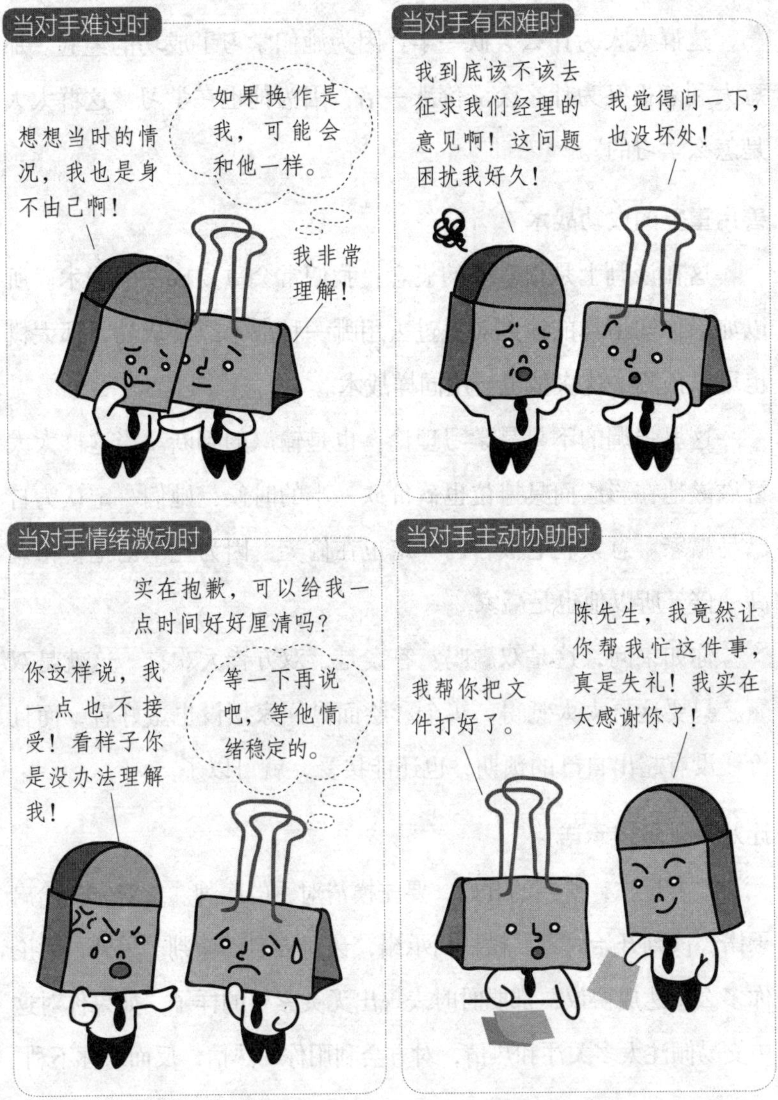

对不？为什么？因为他知道这群太太一定会砍一半，所以就把价钱调高一倍。

这群太太为什么会砍一半？因为她们学习了成功的经验。那意大利老板又为什么会涨价涨一倍？因为他也在学习"这群太太是怎么学习的"。

善用重复的成功战术

这在谈判上是很重要的概念：我们常会重复成功的战术。所以如果你知道你的谈判对手过去用哪一种战术经常成功，那大概也可以预测，这次他也会用同样战术。

这里强调的不只是学习理论，也是输赢的判断。当这群太太喜滋滋地在彩绘面具摊位也砍价砍一半的时候，她们一定认为自己是赢家。意大利老板自己一定也在偷笑，因为他早已把价格调高一倍，所以他也是赢家。

你如果问，这是双赢吗？答案是，双方皆大欢喜，这就是双赢。只要这群太太觉得，买个彩绘面具回家摆设也蛮好看，而且价钱没有超出自己的预期，也还能接受，就可以了。

让对手先做出承诺

但要记住，谈判的开始，要先摸清对手的底牌。让对方先给出承诺。谈判开始时不要做任何承诺，让对方启动谈判。另外，无论你多么想达成协议，都要时时表现出无关紧要的样子。如果你对这单交易倾注太多关注和热情，对方会利用你的热情，反而对你不利。

第五章
巧用各类销售工具,拉近产品与顾客的距离

运用线上工具，让服务贴近需求

好康特惠，看昵称就知道

　　晶华酒店几年前为开辟网络行销平台，特别将资讯部工程师陈胜璨调到公关室担任电子商务专员。去年推出第一个能与网友互动的网络行销专案"MSN发烧友"，邀请网友加入晶华酒店的MSN，以便即时向网友传递优惠资讯。陈胜璨说："有什么新活动，只要改个昵称，网友就看到了，效果比传统的在报纸上登广告好太多了。"因此餐厅创下单月销售近5000个来客的佳绩，当中有八九成都是网友的贡献。

MSN行销，"出清存货"最有效；使用Skype，国外网友受用

　　以MSN行销，"出清存货"的效果特别明显。例如：当餐厅经理发现当日还有座位，服务生人力又足够，只要打个电话给陈胜璨，请他把限时、限量的特惠专案内容改成新的MSN昵称，很快就能吸引到特别喜欢捡便宜的网友。除了MSN，化身为"线上客服"专线的Skype，也让国外的网友不必花高额的国际电话费，就能了解饭店服务内容。

线上工具的优点

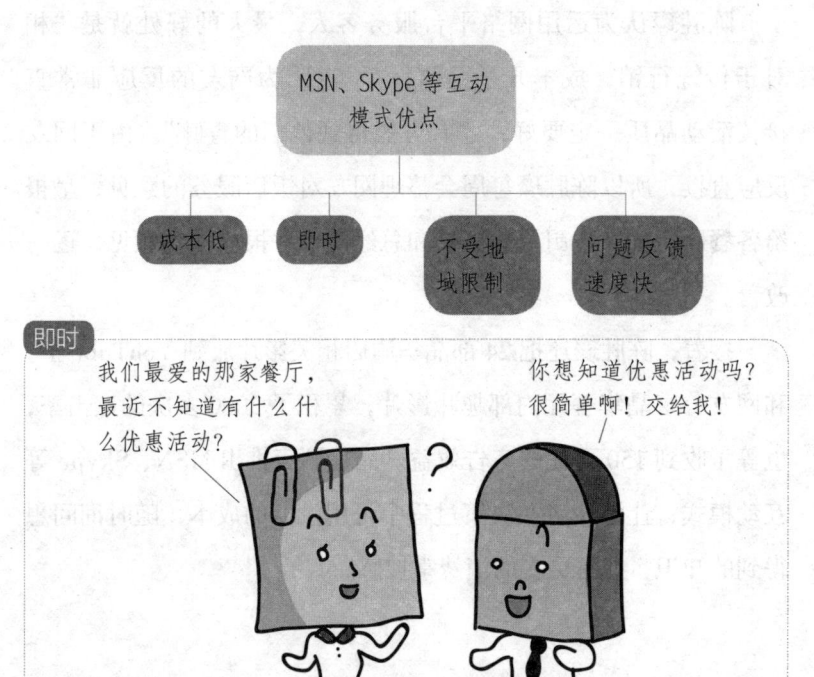

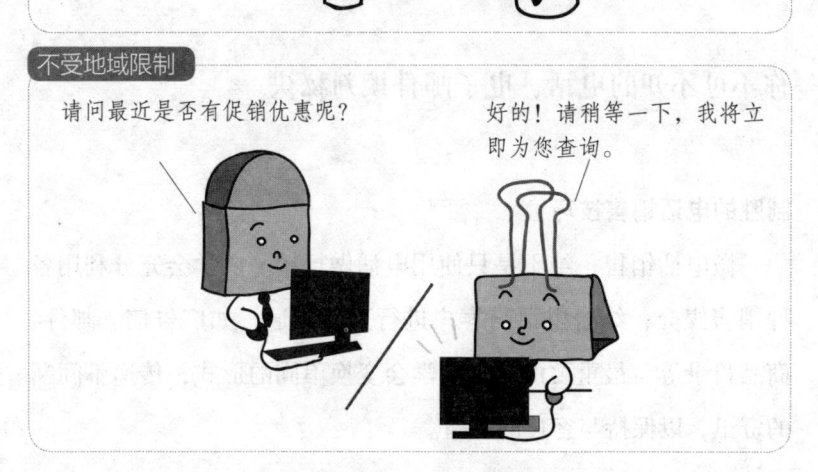

```
        MSN、Skype 等互动
            模式优点
    ┌─────────┬──────┴──────┬─────────┐
  成本低      即时        不受地       问题反馈
                         域限制        速度快
```

即时

我们最爱的那家餐厅,最近不知道有什么什么优惠活动?

你想知道优惠活动吗?很简单啊!交给我!

不受地域限制

请问最近是否有促销优惠呢?

好的!请稍等一下,我将立即为您查询。

第五章 巧用各类销售工具,拉近产品与顾客的距离　　87

服务贴近需求，创造漂亮业绩

陈胜璨认为运用网络平台服务客人，最大的好处就是"相对于传统行销，成本几乎是零"。"不过因为网友的反应非常直接，活动品质一定要好，才有可能得到他们的青睐"。由于网友反应直接，所以陈胜璨每周会整理网友对饭店服务的意见，呈报给各餐厅经理、主厨及董事长和总经理，并根据网友意见，逐一改善。

接着，陈胜璨还把24部晶华酒店相关影片放到YouTube上，和网友分享晶华餐厅内部趣味影片，累积了3000多次的点击率，也等于收到150万元的广告效益。晶华酒店推出MSN、Skype等互动模式，让消费者在决策过程中可用极低的成本，随时询问想得到的知识，拥有更多的消费掌控感。

你不可不知的电话、电子邮件谈判秘诀

制胜的电话销售技巧

做电话销售，绝不是只使用电话做行销。要学会充分利用各种销售媒介，结合电话与客户进行互动沟通，如广告信、邮件、商品目录等。最重要的是，要学会变换不同的形式，传递不间断的资讯，以保持与客户的联络。

电子邮件销售秘诀

使用电子邮件销售的秘诀

- 便于和其他行销方式相互结合
- 易于客观衡量行销效果
- 用户回馈率高
- 操作简单
- 沟通速度快
- 针对性强
- 成本低廉
- 覆盖范围广

网友询问的问题,一定要在最短时间内回复!

在开始打电话之前，你要先想想这次电话的目的是什么，并事先准备好题目和笔记本，随时记录你在沟通中获得的信息，以此来判断你每通电话的效果。不论你是打电话还是接听电话，都要有礼貌，如询问时间是否方便等，并全神贯注倾听客户的每一个字。

提问的技巧

提问是电话销售成功的关键。最好事先设计一些问题，并且给制出一个问题的关联图，理解每一个问题与下一个问题之间的关联，并可以将问题扩展出去。但要注意的是，问题与问题之间不能没有间隔，要有自然的过渡，不然就容易变成审问客户，造成客户压力。还有，问题的数量和种类也要事先准备好，不能太多，也不能太少，否则很容易让客户失去对你的信任。

用敏感的心去倾听和感受客户的情绪，与他互动

把客户看成是你的朋友一样去关心他、爱护他，并以朋友的身份为他提供建议，且介绍产品或服务时要简单明确。

要设计一些无压力的信息与他不断沟通，让他逐步降低对你的抗拒，要做的是给他一个自己选择的机会。同时要利用策略，使客户不再拖延，以完成自己的指标。

根据统计，80%的销售是在第4～11次跟踪后完成的！所以要学会巧妙地跟进。一旦客户主动咨询你或有问题请教你，不管是什么形式，都要第一时间处理。

运用数码产品进行远距离产品介绍，抢得销售先机

了解数码产品的便利性

数码科技时代来临，懂得运用 QQ、Skype 等线上即时通软件，可以让你从产品的介绍、销售到售后服务更即时、不受地域限制，任何专业问题都可以马上远距咨询。让我们了解一下这些软件在商务应用上带来的好处：

一、远距产品介绍，产品介绍专员就在你身边，让你快速了解产品

1. 产品介绍专员可以即时远距互动式介绍产品。

2. 远距试用不稀奇，还能有人从旁协助。

二、远距销售，成交流程超快速

1. 在购买过程中的问题，能立即帮客户解决，加速成交。

2. 如软件验收这种过去要到现场进行的工作，也可以远距进行，节省交通时间。

三、远距售后服务，即时互动客服，保证让客户满意

1. 已经购买产品的客户，若有软件不会安装、不会操作等问题，都可以在远距请教客服人员，客服人员透过 QQ、Skype 等线上即时通软件就可以协助客户完成安装。

2. 客服人员不用到客户家中，也可以操作客户的电脑。

3. 避免客服电话中鸡同鸭讲的问题，更能了解客户问题所

利用数码商品谈判的优点

- 远距产品介绍,介绍专员就在你身边
- 远距销售,成交流程超快速
- 即时互动客服,保证让客户满意
- 远距咨询,专家远距即时帮你解答

在，并立即帮忙解决。

四、远距咨询，专家远距即时帮你解答

1. 只要是通过软件能做的服务，通通都可以透过数码商品来操作。

2. 客户不满意？直接远距修改给他看，直到满意！

3. 客户不再受地域限制，全球都可以服务。

善用统计报表，让自己的数据更具说服力

了解统计报表的作用

有统计的观念，才能够知道别人整理出来的资料、数据可不可靠，有没有可能在某一个环节中出了问题。当别人告诉我们数据所代表的意义时，到底该如何去判断这些资料的可信度呢？有些资料的结论与事实极度不符合，看过即可，不需要照单全收，但可以提醒自己在做统计以及资料的推论时，尽量避免掉一些不必要的失误，使推论结果尽量完整和准确。

往往大量的信息刚开始的时候都是杂乱无章的，只有通过整理之后，才能清楚地表达，获取我们需要的资料。

在经过细心缜密的整理之后，资料表达起来才会有效益，也需要依靠精简的摘要来强化重要的内容，使一堆杂乱无章的资料

整理得有秩序，且易于阅读。

将复杂的数据清楚呈现是一种艺术，可以用图、表以及经过整合的数据来描述。把资料整理成一些表，或者是用一些增加效果的图来表示，会使人更容易知道所传达的意思。

善用图表功能

若要用资料传达信息，画图往往是直接有效的方法。一个好的图可以把资料中的资讯清楚显示出来，倘若只把资料整理成一张表，可能很难，甚至是不可能做到这一点。不仅如此，比起数据资料所制造出的表单，图片所制造出的即时视觉效果以及记忆效果也强很多。

和表一样，在图上也是要标示清楚所画的东西代表的是什么和资料来源，等等。还有一个重点就是要让资料醒目，因为要抓住看图者注意力的是资料本身，而不是标示、刻度等其他东西。

在做完整理资料之后，就是要开始推论以及预估资料。好的统计报表可以清楚呈现我们想要的资讯，让我们在谈判时有确切的数据说服对方，成为我们谈判的利器。

常见的统计图

下面是一些基本的统计图表类型：

	直条图	横条图	折线图	圆形图	XY 散布图
	区域	环圈图	雷达图	曲面图	泡泡图
	股票图	圆柱图	圆锥图	金字塔图	

从图表也可以分析客户使用族群资料，图表会说话，帮助迅速理解信息。

利用自动筛选功能整理资料

	A 性别	B 年龄	C 教育程度	D 职业	E 月收入
2	男	18岁以下	高中	学生	15000元以下
3	男	41~50岁	大学、专科、技术学院	商	30001~50000元
4	女	31~40岁	大学、专科、技术学院	服务业	15001~30000元
5	男	31~40岁	大学、专科、技术学院	公教	15000元以下
6	女	31~40岁	研究所	其他	50000元以上
7	女	51岁以上	高中	自由业	30001~50000元
8	女	18岁以下	高中以下	学生	15000元以下
9	女	18岁以下	高中以下	学生	15000元以下
10	男	31~40岁	高中以下	商	15001~30000元
11	男	19~30岁	高中以下	工	15000元以下
12	女	41~50岁	高中	商	15000元以下

建立图表

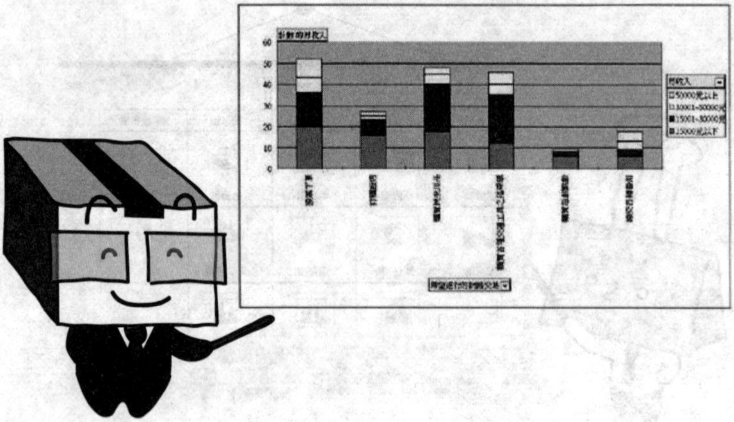
60
50
40
30
20
10
0

框架效应：关键不在于说什么，而在于怎么说

什么是框架效应

简单地说，框架效应就是逻辑上简单的说法会导致不同的决策行为。

举例来说，许多人对下面这两句话的感受并不同：

说法一："乐透彩将划拨2500万做公益。"

说法二："乐透彩对每个公益团体捐100万元。"

结果，多数人相信乐透彩划拨资助公益的钱，前者要比后者多，尽管两者实际的花费并没差别。

因此你会发现，当某机构想要显示花了大笔支出时（譬如教育经费），就会以总金额来呈现；但是当它想要隐瞒过度花费时，就会以每人花多少钱的方式呈现。

这其实是两个完全相同的信息，却因陈述的方式不同，而造成人们偏好逆转或看法迥异的现象，我们称为"框架效应"。

人际交往中的框架效应

这里有个故事，可以说明人际关系中的框架效应：从前，有个小气的人，不小心掉进了河里，一个好心人看见，就在岸边大喊："快把手给我，我把你拉上来！"但这小气鬼却不肯伸出自己的手。好心人突然惊觉自己的话术应该修正，于是对着就快要沉

实战业务九招

请问下面的图片中,白色还是黑色的正方形"看"起来比较大?

价格上的框架效应

入水里的小气鬼大喊:"我把手给你,你快抓住我!"这时,小气鬼马上就伸出手,抓住好心人。

关键在于怎么说

"框架效应"告诉我们:在人际沟通中,关键不在于说什么,而在于怎么说。业务的谈判过程也一样,要随时注意话术是否适当,懂得营造框架效应的人,往往能创造出逆转胜的成功的谈判交易!

利用"空墙"效应,多给顾客表现的机会

空墙是空的吗?不一定

巴黎卢浮宫内有一面空墙曾经吸引过数以十万的游客,因为这一面墙上曾经悬挂过列奥纳多·达·芬奇的名画——《蒙娜丽莎》!但是天有不测风云,1891年的某一天,这幅名画却被人偷走了。

虽然《蒙娜丽莎》已经不再挂在这面墙上了,但是这面空墙前却变得游客如织,人潮聚集久久不散,人们久久地看着空墙,感叹着、猜测着、愤怒着、遗憾着……

据统计,这几年来在空墙前驻足流连的人,竟然超过了过去12年来观赏名画的人数总和!这不能不说是个奇迹!于是也就产生了一个新观点,就是,只要你也善于设计"空墙",就可以让

别急着表现自己，先给别人机会表现

了解对方的兴趣

谈话时最重要的一个内容，就是竭尽所能去了解对方的兴趣和爱好，如果他喜欢咖啡就聊咖啡，喜欢电影就聊电影。只有了解对方的兴趣，你才可能给他展示自我的机会。如果不清楚对方对什么感兴趣就随便提问，那么就会弄巧成拙。

> 你知道最近刘德华又演了一部新片吗？
>
> 呵呵，好像听说了……
>
> 是哪一部啊？

多提问题

提问是寻找话题的手段。在了解对方兴趣的前提下，可以找一些与此相关的问题，让对方有机会说出自己的看法和观点。当然，提问也要掌握技巧，审时度势，不能像"连珠炮"一样问一大串问题，让对方摸不着头绪。

> 看来你是个欣赏艺术品的行家哦！这个瓷器是什么年代的啊？为什么上面的花纹那么独特呢？
>
> ……我到底要先回答哪个问题啊？

适时赞扬和鼓励

听对方讲自己感兴趣的话题，除了要仔细聆听之外，还应该在对方讲完时表示一些回应，这样对方才会有被重视的感觉，才会有继续和你交流的欲望。另外，赞美和鼓励一定要契合话题，不能"牛头不对马嘴"。

那面"空墙"前也出现一个奇迹！

巧妙的"空"，并不是"无"

再分享一个故事，古时候有个出外经商的人，十分怀念家乡的妻子。妻子也非常怀念他，两个人便不断写信遥寄相思。不料有一次丈夫实在无暇写信，便急中生智，把一张白纸当作信笺寄了回来，因为他知道，妻子极富想象力，而这种想象力肯定会助自己一臂之力的。

果然，妻子见到这张白纸后不仅没生气、没发火，反而感动得热泪盈眶，并立即写诗回赠，诗曰："碧纱窗下启君封，尺纸从头彻尾空，想是郎君怀别恨，相思尽在不言中。"丈夫见到了这首小诗，也立即感动得掉下眼泪。

请注意，白纸上空空如也，这是事实，只因妻子把它理解成一面负载着无限爱的信息的"空墙"，并沿着一个极富感情的思路联想下去,这才"断定"丈夫对她的思念格外的刻骨铭心!

这就是"空墙"效应!如此看来,巧妙的"空"并不是"无",只不过是有什么不明确的,这才为人们的想象提供了足够的空间与自由!

适当的时刻与适当的地方,也为你的客户留下一面神奇的"空墙"吧!只要你的"空墙"设计得合理,那"空墙"就一定能变成一道绝美的风景!

第六章
开口就要当赢家,像权威专家一样对顾客说话

跟顾客谈判之前,一定要做好事先准备

事先的准备功夫要做好

在会议上当对方提出问题时,如果能马上提供答案,谈判自然顺利多了。像在美国总统的记者会上,幕僚早就把记者可能提出的问题和准备答复的内容准备好。所以,当记者提出什么问题,就会有什么答案,自然事半功倍。过去谈生意往往偏重于招待客户,很多生意就在酒足饭饱之余达成。而现代企业经营大多就事论事,要想谈判成功就得多准备、多下功夫。

如果在谈判中,对手不太愿意和你达成协议时,你能适时拿出对手的产品目录或价格表,向客户指出它们和自己的产品有何不同,并告诉他们与竞争对手相比,你提供的价格和收益与他们相当甚至优于他们,这些书面资料会产生强烈持久的视觉冲击,也会加快谈判成功的进度,让对手相信你是做好准备而来的。

学会当机立断

在信息不断的当下,我们渐渐习惯了"舍弃"。只要觉得

电视节目不好看,不到一分钟我们就"舍弃换台"。评断、舍弃一个人,速度也不遑多让。我们往往当场就会决定这个人是"笨蛋或精明""有用或没用""迷人或恼人""诚恳或随便"。

―― 开口前,必须充分地调查了解 ――

1. 分析对手的强弱项。

2. 分析可以谈的问题有哪些。

3. 分析哪些问题是没有商量余地的。

4. 分析就对方而言,最重要的是什么。

5. 分析这笔生意对于对方重要到什么程度。

6. 分析我们本身的情况,优势在哪里。

所以，在开口前一定要做好准备，要对对方的情况做充分的调查了解。

以下列出一份问题清单，将问题事先想好，否则谈判的效果会大打折扣：

1. 要切实搜集完整相关的资料。
2. 要先实地勘察场地。
3. 要慎选谈判时间。
4. 要选择谈判的场所与摆设。
5. 避免在公开场合谈判。
6. 尽量让参加谈判的人数减到最少，以免人多嘴杂。
7. 尽量安排双方谈判人数相等。
8. 尽量使用双方听得懂的语言进行谈判。

议价有学问，讨价还价，兵不厌诈

讨价还价，兵不厌诈

大多数公司的产品和服务中包含巨额利润。他们的如意算盘是，当内行的买家来谈生意时，会给买家留下讨价还价的余地。以承包商为例，当你就建筑工程招标时，承包商的报价肯定加入了庞大的利润差额。如果你拒绝第一次标价，十之八九他们很快会另外开价。这次报价也不要接受，而要说"这超出了我们的预算"或"以这个价位，我们不得不让其他公司再去投标"以试探他们，看他们会不会另外开价。

一、"最小厘米"策略

处理价格问题时，用字遣词要有策略，来造成花费少得多的假象。就像这句广告语："每天花费不到一杯咖啡的钱，你就可享受本产品的诸多好处。"

二、折中价策略

用不同的价格区间让对方取折中价，此时，你应提出比预期更高的要求。像是买车时的议价谈判，供应商开价1.4万美元，你想用1.2万美元买下。使用折中策略，你开价1万美元。对这个价位，对方是不会同意的。他们可能会说："我们下调到1.35万美元。"这时，你可以说："何不取个折中价？"常常，对方会同意，成交价即两个不同价格间的折中价。

让步幅度要不停变动，向对方做任何让步的时候，确保每次价格变动的金额都不一样，也就是说，永远不要让让步幅度一致。议价时，每一次让步的金额幅度都要改变。如果你一直不变地以200美元或1000美元做出让步，对方会注意到这点，指望你每次议价时都让步200美元或1000美元。你可以一次减少100美元，下一次则是150美元，如此这般。

三、借助"有意签约"的技巧

等到谈判的后期，表现出自己有意做成这笔买卖，但要求

议价的学问

讲到价格，下图当中的创新者以及早期采用者，恐怕都要会心地一笑（或者是苦笑）。这批人都是科技行销价格策略下抛头颅洒热血的烈士。

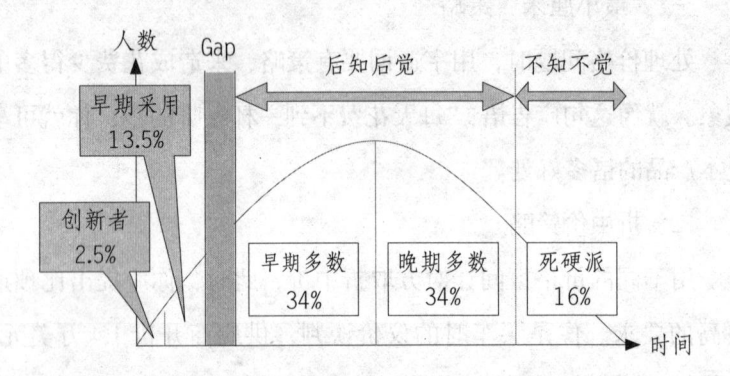

人数 | Gap | 后知后觉 | 不知不觉
早期采用 13.5%
创新者 2.5%
早期多数 34% | 晚期多数 34% | 死硬派 16%
时间

以最常见的手机为例，往往刚推出来的新款手机动辄上万元，但是不到半年价格就跌了很多。随着后面陆陆续续更新的手机推出，该款手机价格还会再跌。这就不禁让人好奇，这部手机的成本到底是多少？

所以价格谈判是一门学问，不可草率行事，慢慢议价才可以谈出漂亮的价格。

手机才买一年，现在价格马上便宜5000元，早知道就晚点购买了！

对方至少再做一次让步。例如：决定买车后，等到签订协议前那一刻，再提出额外的一些要求。你会惊讶地发现，可能会享受到不少服务的优惠。所以开一张清单，写下你想要加到协议中的"有意签约清单"。在签协定前那一刻，仔细检查清单然后提出要求。注意：不要要求对方让步太多，以免失去这笔生意。

衡量对方期望值，在行家面前报价不可太高

某公司急需引进一套自动生产线设备，正好销售员露丝所在的公司有相关设备出售，于是露丝立刻将产品资料快递给该公司老板杰森先生，并打去了电话。

露丝："您好！杰森先生。我是露丝，听说您急需一套自动生产线设备，我将我们公司的设备介绍给您快递过去了，您收到了吗？"

杰森（听起来非常高兴）："哦，收到了，露丝小姐。我们现在很需要这种设备，你们公司竟然有，太意外了……"

（露丝一听大喜过望，她知道在这个小城里拥有这样设备的公司仅他们一家，而对方又急需，看来这桩生意十有八九跑不了了。）

露丝:"是吗？希望我们合作愉快。"

杰森:"你们这套设备售价多少？"

露丝（颇为扬扬自得的语调）:"我们这套设备售价30万美元……"

客户（勃然大怒）:"什么？你们的价格也太离谱了！一点儿诚意也没有，咱们的谈话就到此为止！"（重重地挂上了电话。）

双方交易，就要按底价讨价还价，最终签订合同。这里所说的底价并不是指商品价值的最低价格，而是指商家报出的价格。这种价格是可以浮动的，也就是说有讨价还价的余地。围绕底价讨价还价是有很多好处的，举一个简单的例子。

早上，甲到菜市上去买黄瓜，小贩A开价就是每斤5角，绝不还价，这可激怒了甲；小贩B要价每斤6角，但可以讲价，而且通过讲价，甲把他的价格压到5角，甲高兴地买了几斤。此外，甲还带着砍价成功的喜悦买了小贩B几根大葱呢！

同样都是5角，甲为什么愿意磨老半天嘴皮子去买要价6角的呢？因为小贩B的价格有个目标区间——最高6角是他的理想目标，最低5角是他的终极目标。而这种目标区间的设定能让甲讨价还价，从而获得心理满足。

如果想抬高底价，尽量要抢先报价。大家都知道的一个例子就是，卖服装有时可以赚取暴利，聪明的服装商贩往往把价钱标得超出进价一倍甚至几倍。比如一件皮衣，进价为1000元，摊主希望以1500元成交，但他却标价5000元。几乎没有人有勇气将一件标价5000元的皮衣还价到1000元，不管他是多么精明，也往往是希望能还到2500元，甚至3000元。摊主的抢先报价限制了顾客的思想，由于受标价的影响，顾客往往都以超过进价几倍的价格购买商品。在这里，摊主无疑是抢先报价的受益者。报价时虽然可以把底价抬高，但是这种抬高也并不是无限制的，尤其在行家面前，更不可大意。案例中的销售员觉得自己的产品正好是对方急需的，而将价格任意抬高，最终失去对方的信任，导致十拿九稳的交易失败，对销售员来说也是一个很好的教训。

如果你在和客户谈判时，觉得不好报底价，你完全可以先让对方报价。把对方的报价与你心目中的期望价相比较，然后你就会发现你们的距离有多远，随之调整你的价格策略，这样的结果可能是双方都满意的。

掌握"最后一句话"的所有权

当谈判来到收尾的阶段，最后一句结尾的话可以陈述结果，也可以拿到下一场谈判的主导权。掌握"最后一句话"的所有权，对这场谈判结果有相当的影响力。

谈判是通过沟通协调以达到共同目标的攻守过程。尤其是漂亮的收尾，更需让双方都觉得自己赢了，且都觉得对方会遵守承诺，并为未来的谈判铺平道路。当你掌握"最后一句话"的所有权，进入谈判收尾时，要把握在不损及双方利益的前提之下，提出有利于彼此的条件，以利人利己的结果收场。

谈判收尾的五大法则如下：

一、将对方视为可敬的对手

不要把对方当成傻瓜耍，也不要在收尾时处处炫耀自己的精明。要将对方视为可敬的对手，不可妄想全赢独吞，应与对手分享成果。成不成局都需保持应有的风度与高度，让对方留下好印象。

二、搜集最新信息

市场瞬息变化，对方的企业经营状况也会随时变化。若在收尾阶段得知对方资金短缺或库存过多，可以尝试谈判更好的条件。

三、评估一切可行性

根据竞争态势评估成局时的底线，如可接受的最低价与付款条件等，并分析破局后的停损点与对策，向主管报告征得同意。

四、准备各种预案

预案是决定我方该不该收尾的关键因素。收尾时，不仅要准备我方的底线，也要带着不同版本的预案。预案可以成为我方决定接不接受对方条件的依据。

五、决定最后期限

谈判不能遥遥无期，时间拖得越久成本越高，而且变数也会增多。最好能定下一个双方可接受的期限。无法达成共识时，若

如何掌握最后一句话的所有权？

- 将对方视为可敬的对手
- 搜集最新情报
- 评估一切可行性
- 准备各种预案
- 决定最后期限

谈判收尾五大法则

掌握一句结尾的话，也可以拿到下一场谈判的主导权。

一方采取无限期拖延时,另一方需要当机立断提出期限,让谈判有个结果。

运用"差价均分"策略,让顾客觉得占了便宜

对于自己所购买的产品,多数消费者常不清楚什么样的价格才是划算的。消费者购买产品时,真的不在意价格的高低吗?事实并非如此。消费者也许对于实际的售价不是很清楚,也不会真正去计算什么样的价格才是划算的。消费者对于价格的认知多半是心理上的相对感受,而非绝对的数字。因此,掌握消费者的购买心理,便成了重要的关键。

善用差价均分策略

就是大家各自评估目标金额,各退一步达到双方满意的价格。以商业谈判来说,就是如何使自己的局势比人强,得到自己所想要的东西的一个方式。

例如:对店家与顾客来说,总会碰到有人喜欢杀价,而店家所想要的是把物品以高价卖出得到最高的利润;但是以顾客来说,则是希望以最低的价格买到最好的物品,所以店家该用什么方式来获得最高利润?这时店家可以先把原本要卖399元的衣服故意先喊价到499元,让顾客杀价,等顾客杀到399元,再以一

价格议价上常见的三种状态

议价到最后可能碰到的3种状态

1. 意见分歧
对一特定议价，你完全不能同意对方的看法。

2. 意见妥协
对一特定议价，你不完全同意对方的看法，但仍可接受退一步。

3. 意见一致
对一特定议价，双方都满意最终决议。

差价均分说明图

买方理想价格 →

讨论出都可以接受的价格，价差由双方承担

← 卖方理想价格

种无奈的口吻成交。

掌握消费者的消费心理

事实上这个过程就是一种谈判的技巧，顾客杀了 100 元后以为赚到，而店家也如愿以偿以 399 元卖出，得到预期利润，这也算是一种谈判技巧。

再举一个例子：先将衣服上的标价牌定价 1000 元划掉，改在下面写 599 元让客人有赚到的感觉。实际上衣服的成本只需要 200 元，商家赚到利润，客人觉得便宜，大家都皆大欢喜。

差价均分的步骤，则是先由对方出口喊价，我们再根据数量谈判目标金额，以无奈的样子答应对方。

必要时，我们还可以向对方施压。向对方施压获得主动权，让他从你的角度来看问题。如果对方的开价或议价你觉得不能接受，告诉他如果不让步，谈判就此结束。你可以告诉对方他们的开价完全不可行，提出更多的要求，不要放过每项协议能够为你带来的好处。

制造神秘感，沉默也是一种技巧

制造神秘感，挑动购买欲望

iPhone 结合手机和数码影音功能的设计，令人心向往之。但是，真正造成万人空巷、疯狂抢购的原因，其实是苹果公司一向擅长制造"让消费者迫不及待要入手"的行销策略。

几年前，苹果公司的iPhone正式于美国上市，从东岸到西岸，苹果专卖店及合作的电信业者AT&T门市外，都可见疯狂抢购的人龙。苹果并未透露铺货数字，但是开卖才几天就已卖出40万部。

产品规格绝不完整公布

苹果公司花在iPhone的行销费用约高达1亿美元，只有庞大的行销预算并非是苹果制胜的主要原因，iPhone成功打响第一炮，主要还是在于苹果擅长制造产品的神秘感，创造话题的手法，让消费者迫不及待要早点入手。

苹果的行销策略，是每隔一段时间就公布iPhone的信息，使消费者维持新鲜感。当初乔布斯先是在旧金山麦金塔世界展介绍这一项产品，随即抢走摩托罗拉在拉斯维加斯消费电子展（CES）的光芒。

苹果公司随后在网络上大打"Hello"广告短片，剪辑30多部电影当中，如玛丽莲·梦露、劳勃·狄尼诺等大牌明星拿着电话说"Hello"的画面，并在结尾秀出iPhone"6月将面世"的文字。

甚至在当年奥斯卡颁奖典礼时，苹果公司在电视上播出第一个电视广告，只有简单一句"Hello"的广告词。另外，苹果电脑

沉默也是一种技巧

什么都不回应的话,对手会自乱阵脚,轻易做出让步。
保持沉默而获胜的交涉方法如下:

若对手一直保持沉默,该怎么做?

- 为了打破沉默,必须咄咄逼人地提出问题,并尽可能地等待对方回答。
- 如果对手开始沉默,你需要坚持自己的立场。
- 可以将沉默解释为"同意",并试着往好的方向发展。
- 一定要借由询问让对手的立场更明确,以便交涉顺利进行。

……(保持沉默)

你觉得怎样,如果价格是5万的话?

都不说话是觉得价格太高吗,真让人不安啊!是太贵了吗?需要我把价格压低点吗?

如果完全不开口,对手会感到不安,最后再由对手做出让步。

在产品正式上市前,并没有公布完整的产品规格,不仅一般消费者们无法得知这些信息,就连设计 iPhone 配套产品的协作厂商,也都没有办法取得产品的规格细节。

事实上,乔布斯大可在产品上市之前,先公布产品规格,然后让专业评论者和玩家从技术方面去批评 iPhone 有什么问题。但他选择先保持神秘,掀起媒体和苹果迷之间引颈企盼的热潮,再让那些有幸能先睹为快的媒体记者和苹果迷以较能够受控制的方式散播出相关信息。等到详细的产品规格公布后,消费者对它的热情已沸腾,不可自抑,而苹果公司也将轻松坐享其成。

找出定案的关键人物,做最后拍板

商业谈判中,谈判必须找"对的人"谈,同时注意我们接触的对象,名片的头衔通常等于其权限的大小。因此,可以从企业规模来判断对方派出的人员是否恰当,尽量跟具有实际权限的人谈,甚至可以应用一些技巧,例如善意地刁难,逼迫对方派出更高位阶的人员,至于过滤方式,只要多问一些关键性的问题,就可知道答案。

为了避免对方胡乱承诺、信口开河,同一件事可由正面、反

如何找到对的人？

电话销售时找到关键人物的销售方式

- 简单介绍自己，告诉他你来电的目的，以及你想要完成的事。

- 终于遇到决策者时，要说明与同业的差异性，而且内容须简洁，并使人印象深刻。

- 成功引起对方的兴趣，并确认对方的购买力之后，下一步就是邀请对方举行会议。

- 若发觉对方丧失兴趣，或是你无法完美地回答他的问题，请对方同意在某个约定的时刻你能再次致电拜访他。

- 若对方不愿意与你举行会议，经过评估对方是准客户，以寄相关资讯的理由跟对方要 E-mail，以不费时间的方式持续跟进他。

- 举办说明会，请对方来做深入了解。

面提问来确认。避免与不适当的人员谈判，除了因为对方可能无权决策外，也可避免我方底牌过早泄露，或是对方转达出现错误。

小题大做：制造僵局，逼对手上谈判桌

正常情况下，当双方权力差距并非悬殊，才有谈判的机会。然而权力较小的弱方必须想办法"变强"，先在短期间内制造一个无法容忍的僵局，形成谈判时机，以便将强方逼上谈判桌。变强的方法，就是"小题大做"，招式有三：

1. **放大议题**：常见的做法为"挂钩"增加筹码，"结盟"壮大声势。把数量增加（买得多就容易杀价），或把项目增加（把其他议题一并绑进来当筹码）。挂钩战术又可分为"勒索"（你不给我，我就不给你）和"谄媚"（你给我，我也会给你）两种。

2. **增加人数**：常见的方法就是结盟。如同三国鼎立反复分合，若能在结盟对决中扮演关键的少数，那么"弱即是强"，同样可能达成谈判目标。成功结盟的关键在于隐秘，一旦破局往往就会失败，因此能"控制信息"的一方较为有利。

3. **升高情势**：(1)"引爆冲突"；(2)"制造既成事实"。例如把事情闹大，或者切断沟通渠道。面对弱方各种小题大做的方法，强方其实一样可以运用小题大做的手段，再让己方变大（唯一不合用的就是"引爆冲突"）。除此之外，还可以采取"上法院"或"断然拒绝"两种反制方式，再次拉开与弱方的权力差距。

投石问路，逐渐消除对手的戒备心理

谈判开始时，虽然双方人员表面彬彬有礼，内心却对对方存有戒备心理，如果这个时候直接步入主题，进行实质性谈话，就会提高对手的警觉心理。

谈判开始的话题最好是松弛的、非业务性的，要善于运用环顾左右、迂回入题的策略，给对方足够的心理准备时间，为谈判成功奠定一个良好的基础。

环顾左右、迂回入题的做法很多，下面介绍几种常用且有效的入题方法。

从题外话入题

谈判开始之前，你可以谈谈关于气候的话题。"今天的天气不错。""今年的气候反常，都三四月份了，天气还这么冷。"也可以谈旅游、娱乐活动、衣食住行等，总之，题外话内容丰富，可以信手拈来，不费力气。你可以根据谈判的时间和地点，以及双方谈判人员的具体情况，脱口而出，亲切自然，刻意修饰反而会给人一种不自然的感觉。

从"自谦"入题

如对方为客,来到己方所在地谈判,应该向客人谦虚地表示各方面照顾不周,没有尽好地主之谊,请谅解等;也可以向客人介绍一下自己的经历,说明自己缺乏谈判经验,希望各位多多指教,希望通过这次交流建立友谊等。简单的几句话可以让对方有亲切的感觉,心理戒备也会很快消除。

从介绍己方人员情况入题

在谈判前,简要介绍一下己方人员的经历、学历、年龄和成果等,让对方有个大概的了解,既可以缓解紧张气氛,又不露锋芒地显示己方的实力,使对方不敢轻举妄动,暗中给对方施加心理压力。

从介绍己方的基本情况入题

谈判开始前,先简略介绍一下己方的生产、经营、财务等基本情况,提供给对方一些必要的资料,以显示己方雄厚的实力和良好的信誉,坚定对方与你合作的信念。

投石问路巧试探

投石问路是谈判中一种常用的策略。作为买家,由此可以得到卖家很少主动提供的资料,分析商品的成本、价格等情况,以便做出自己的抉择。

投石问路是指在谈判过程中巧妙地试探对方,在谈判中常常借助提问的方式,来摸索、了解对方的意图以及某些实际情况。

如当你希望从对方那儿得出结论时,可以这样提问:

"您想订多少货?"

"您对这种样式感到满意吗?"

……

总之,每一个提问都是一颗探路的石子。你可以通过了解产品质量、购买数量、付款方式、交货时间等来了解对方的虚实。面对这种连珠炮式的提问,许多卖主不但难以主动出击,而且宁愿适当降低价格,也不愿疲于回答询问。因此,在谈判中,恰到好处地运用"投石问路"的方法,你就会为自己一方争取到更大的利益。

想要在谈判中尽快降低对方的警觉性,谈判之前就要做好充分的准备。你最好先了解和判断对方的权限及背景,然后把各种条件及自己准备切入的问题重点简短地写在纸上,在谈判时随时参考,提醒自己。

第七章
善用"谈判压力",让顾客乖乖"就范"

用服务感动顾客，让享受成为消费重点

体验，也是一种享受

无论我们将产品和服务销售给个人还是团体，现在的顾客都需要体验。体验给他们带来了趣味、知识、转变和美感，也正是对这些永恒特性的更多渴求，才带动了体验行销，促进了体验经济的进一步发展。就像露华浓化妆品的总裁曾经说过："我们卖的不是口红，而是希望。"

必胜客作为全球著名的快餐品牌，当他们攻进中国市场时，强打"欢乐面孔"的三大主要方针："欢乐美食""欢乐环境""欢乐服务"。"欢乐美食"为顾客提供了数十种不同口味、卫生可口、品质优良的比萨，同时为迎合中国人的口味开发出中西合璧的特色产品——"蜀中大将"四川比萨饼；"欢乐环境"以突出用餐环境的欢乐气氛为主题对餐厅进行重新装修，墙壁以大幅的抽象派西式壁画进行装饰，还有壁炉状的出饼台、随处可见的精美小摆设等，无不向顾客传达着欢乐的信息；"欢乐服务"，服务员从着装到服务态度都有了新的变化，向顾客提供全程的微笑服务。

感动，创造购买力

服务是一种态度，需要热情；服务是一种感觉，需要真情。有感动才能创造巨大的购买力。企业真正应该经营的也不再是只有产品本身，而是去为客户创造一种更加幸福的生活方式。也就是说，企业真正销售的并不是物质，而是温馨的氛围；企业真正提供的并不是服务，而是情感体验。买方购买的并不只是你的产品或服务，而是买了你的产品或服务之后所能得到的利益。这些利益可能是具体的、无形的、针对特定对象的，也可能是普遍适用的。

销售对熟手来说，并不是真正的难事，难在有效完成漂亮的业务循环。真正的销售工作要包括销售、履约、服务与口碑，这4项都要兼顾，签约只是双方合作的开始。对新手来说，客户签约是100分成功。但对老手来说，这顶多只有70分。签约后，要盯紧交货，确保产品符合订单或合约上的规格。履约过程中，也要能有效整合资源，协助客户解决相关问题。合约上的每项义务都需要逐条确认完成，确保交货验收无误。除了产品品质要够好，服务也不要偷懒。你需要靠满意的服务，才能有后续订单的机会。

有诚意，创造更大的购买力

因为爱杀价是很多消费者的习惯，所以做生意时也要有一套对策来应对。若你不是很在意一定要成交，可以坚守价格，免得以后被人"软土深掘"。但你也可以采取赠送货物的方式，让消费者虽然没杀到价，却依然有"赚到"的感受。这样一样可以达到双赢的局面。

让消费者占一点便宜

我把一些孩子没用过却用不到的东西拿到网上去拍卖，已经把价钱标得很低了，但是发现有蛮多买家喜欢杀价。于是我改变策略，随货会附送小礼物，因为我知道买卖是要双方合意才能成立的。让顾客占一点便宜，有可能为自己带来更多商机。

让老客户为你带来口碑

新客户的销售成本，远大于你的老客户。老客户的口碑带来的续购与推荐，可以让你拥有优质的潜在客户来源，且容易迅速成交。千万记住，老客户才是你长远业绩的来源。如果你的主要业绩来源都一直需要靠大量的新客户，那你的结果不是会饿死，就是会累死。

服务不偷懒！订单接不完！

陈总你好：谢谢您多年来的关照，总是让我每年多得到很多订单！

该端起就端起，随时准备掉头就走

举证给对方知道你的优点

保全对方的面子，这是为了让对方更容易接受你的条款，而不是臣服于你。比如说，要一直展示给对方看，按照我方的条件，这项交易是最有利的。永远不要去论证为什么对方的条件是错误的、是较差的选择，要让对方自己相信你的策略最符合他们的利益。要让他们自己来决定，如果你的论证令人信服，他们会做出令你满意的选择。

一些谈判永无止境地进行着，看不到终点。最后你走到尽头，到了自己的底线，再无空间可退。这意味着每一次让步都将消耗更多的金钱和时间。回报日益缩小，交易的吸引力逐渐暗淡，你甚至会多次考虑要退出谈判，这时就要下最后通牒了。从很多方面来看，最后通牒都是"泼出去的水收不回来"。下最后通牒前，最好确认对方会接受。如果对方不能接受，而你决定重新开始谈判，你将失去所有优势，最终达成的协议肯定不会令你满意的。

别卡在不顺利的交易情境里

这是谈判高手的最佳武器。很多时候无论谈判进展得如何顺利，总会有些交易不适合你。一些是出于金钱原因，另一些可能是私人问题。没关系，放开那些交易，想着那些成功的交易，进

谈判收尾的步骤

1. 当断则断

好的,那就给陈总一些时间,仔细思考我们为您准备的资料数据。

2. 下最后通牒

但是这个数据真的可靠吗?

这是我们请各方专家为贵公司统计出来最理想、最省成本的方式,你可以再去比较看看!

3. 别怕对手翻脸,先达成目的再说

不用比较了!我就相信你一次!年轻人,你差点要走,就不怕我生气?

因为我已经很确定这次的提案是最适合您的。

行下一场的谈判。

如果谈判未能满足你想要的条件，那就站起来准备离开，说："感谢你们，但我对此交易的条款不感兴趣，它不符合我和我团队的利益。"脸上带着热诚真挚的微笑，与对方握手，祝他们好运。

把这个策略叫作"微笑着离开"是有原因的。不仅因为你要离开，更因为离开的方式不能关上与对方将来达成协议的大门。在任何关系中，最强势的人总是表现得最淡泊达观的。

对内的谈判由于必须顾及双方关系，难度反而比对外谈判高。对外谈判时只要达成目的，即使对方翻脸（"下次不会再和你们合作了"）也不用当真，达成谈判目的之后，可以再想办法修补双方的关系。

巧用声东击西战术，获取自己想要的利益

声东击西战术

所谓声东击西就是，明明我要西，却假装我要东，把东就扣在手上，到一个时机点放出去，"好啦！东给你，那你把西给我。"这种冷不防的声东击西法，往往能奏效。

谈判是个过程，每个人心里各有盘算。手中有筹码在，通过

声东击西，不论价格、付款方式或规格，在适当时机推出来，看对方在乎什么，这也算是一种资讯的搜集。薪资谈判，就是个人善用声东击西法的好时机。要求加薪2000元，老板说："不行！"先假装让步，"好啦！让200元，加薪1800元就好，那你让什么还我？"对方很容易掉入被设计的话术圈套中。声东击西，就是把想要的结果变成谈判的起始点。

声东击西战术也可以这样运用：当你抛掉你不要的东西时，对方一定也不要，但你接下来就把对方的不要说成是你的重大让步，然后要求对方也相对应地让一步，得到你需要的东西。例如：在买二手车成交前要求对方换4个全新高级轮胎，在对方拒绝你后（你也是这么预期的），你就夸大自己的让步，要求对方价钱再少一些。这时对方会想起，刚刚拒绝了你的要求（没答应换上4个全新的轮胎给你），出于一种补偿心态，会答应你的另一个请求。

小题大做谈判术

"小题大做"与"声东击西"是类似的谈判战术，不同的是，小题大做不是由谈判者主动抛出来的，而是将某一项谈判中出现的问题，故意说得天大地大，还要不时强调自己已经做了重大的让步，让对方可以思考一下，自己是不是也应该让一让。

另外，也可以试试"假装成交法"，这是在对方以为双方已经谈完话题后，你却说还要等另一人来看看才能成交。让对方自

声东击西术的应用

抛掉不要的，换来你想要的

将想要的结果变成谈判的起点。

> 这台二手车的轮胎都破了，你坚持不补给我，那不然你把总价调到15万，轮胎我自己想办法。

> 好……好吧！

> 刚刚已经赚到不用给他新轮胎的钱了，他要杀价就让他杀吧！

小题大做

制造对方的补偿心理。

> 哎哟！这个产品我不是很喜欢。不然，我再想一想！

> 我上次因为陪你做那个测试专案，被公司扣了好多钱，您好歹也给我一次机会，用一下我的产品。

假装成交

让对方产生莫名的危机感，创造成功的谈判结果。

> 你先不用做决定，没关系，因为刚好等一下有个客户，一直叫我等他来看，再决定要将产品签给谁。

> 那这个产品不如就先给我吧，请他就不用跑一趟了。

然产生莫名的危机感，你们的谈判成交概率就会高出很多！还有一种"重新开始"战术，是谈完后跟对方回复说要考虑几天，下次再来又从上次协议重新再谈，这都是声东击西法的类似运用。

要想钓到鱼，就要像鱼那样思考

很多人会把谈判结果归咎于"运气"上，例如"这次运气不好，遇到那个人""要不是半路杀出一个程咬金坏事，也不会变这样"。

其实，谈判需要有耐心，这和钓鱼的道理有点相似。钓鱼的基本要领，可以从以下3点做简单介绍：

一、做饵与下钩：鱼饵的选择制作，需要极强的判断力——要知道你钓的鱼爱吃什么饵（即要针对的人用什么能够激起其欲望）十分重要。下钩要找对合适的"鱼塘"（即场合）及合宜的时机。

二、守竿：此阶段要有耐心，不可以急功近利，不可想着放下钓竿就想钓到鱼。此外还要冷静，一点点"甜头"还不足使鱼上钩，也许对方是在试探是否安全。

三、收钩：这是最危险的时刻，到嘴边的肉却没吃到的事情大都发生在这个时候。此时务必要深藏不露，一旦稍露

找出最对的钓饵

谈判如何赢得胜利

- 可先对细微问题稍加让步。
- 不要催促对方做决定。
- 以肯定性措辞表示不同意。
- 澄清每一个获致协议之项目。
- 要未雨绸缪，留有余地。
- 勿以否定性话语结束会议。
- 在适当时机提出你的要求条件。

- 了解对方真正的需要。
- 采取主动。
- 要有弹性。
- 不要偏离会议主题。
- 不要拖泥带水。
- 在可能范围内为对方着想。

狰狞或过于急促，便会功亏一篑。一个好的钓者，会随机收放鱼线，吊足对方胃口，让钩进嘴更深、钓得更牢再将鱼钓起。

以下有两则选择对的钓饵将使你事半功倍的好例子。其实，远在BATNA（Best Alternative to a Negotiated Agreement，最佳替代方案）这个名词出现前，精明的统治者与敌人交手时，就有这个观念。在15世纪，英王爱德华四世率军穿过英吉利海峡，准备掠夺法国土地。

处于弱势的路易十一即刻决定和英王谈判。路易十一知道他的BATNA是打一场费时且昂贵的战争，所以，他判断和爱德华达成和平协议是相对划算的解决之道。

事后，路易十一说道："我将英格兰逐出法国领土远比我父亲所做的容易，我父亲是以武力赶走他们，我则是借助美酒佳肴将他们驱逐出境。"

另一个现代的例子是，巨大机械总经理罗祥安与Schwinn（20世纪70年代，世界第一自行车品牌）谈代工时，他只谈巨大的理念和品质，绝口不提采购。两个人越谈越投机，Schwinn负责人找来相关主管一起谈，双方第一次接触就有良好交集，也因此敲开了接单大门。

要让顾客说"好",最好的办法就是先得到很多"不"

面对顾客,你宁愿他们直接说"不",也不要说"我再考虑看看"。最糟的事莫过于潜在顾客说"我要考虑看看",这样就不会再有任何进展。当有人说他们要"考虑一下",往往只是他们礼貌地向你说"不",而不想伤感情。

别让顾客不敢说"不"

要避免这种状况,在一开始就要告诉潜在顾客你会请他们做决定。告诉他们你希望他们说"好",但是如果他们没有意愿,你宁愿他们直接说"不",告诉他们你觉得说"不"是没关系的。容许潜在顾客说"不",他们就比较不会想要用类似"再考虑看看"的措辞来闪躲。而且,他们越快直接说"不",你就能越快去找下一位可能会购买的潜在顾客。谈判过程如果谈不到满意的结果,不如见坏就收,不要再浪费时间和金钱。

要让顾客说"好",最好的方法就是先得到很多"不"的答案。如果你可以让潜在顾客做出决定并明确说"不",而不是"或许"或是"再考虑看看",就算是表现不错。每一次的"不"都会让你更接近下一次的"是",此外接受"不"的答案,会让你有多余心力去寻求未来更多可行的机会。

如果你反向思考,甚至可以让你得到更多成功。开始每天设

把拒绝当作一个新的起点

面对顾客，宁愿他们直接说"不"

如果你的顾客是那种一旦不喜欢就直说的人，其实不用为此感到气馁，因为这些人节省了你很多时间，你除了能清楚掌握顾客的心意之外，也可以赶快将推销的目标转换成其他人，不浪费任何时间。

你们的鞋子价格都太贵了，我不买！

那好吧！这个客人将不会是我店里的主要消费族群，我赶快去跟别的客人做介绍。

"我再考虑看看"，只是一种客套之词

往往顾客会因为不好意思拒绝，就会选择说"我再考虑看看"。所以，业务员在开始为了避免这个状况，一定要使出浑身解数，让顾客不要说出这类的话。

款式都没有适合我的年纪穿的……太快走出去又有点不好意思。

不用不好意思拒绝我。这次的款式不喜欢没关系，如果你有特别偏爱的款式，请告诉我，我会注意。

法尽可能获得最多"不"的答案,那么你就会晋升赢家之列。这也可以消除压力,并让工作充满乐趣。

失败,让你越挫越勇

如果被拒绝,也要会从失败中学习。谈判失败,要学会在失败中吸取教训,再次学习。阻力越大,反击力道越强。每次被人家"拒绝"一次,"能量"就会变得更强,因为我非常"不服气"你拒绝我,我一定要让你"后悔"!这就是能够越挫越勇的"个性"。

在人生的旅途上,被拒绝是很平常的遭遇,交朋友被拒绝、求助于人被拒绝,还有与人谈判被拒绝,这都是吃闭门羹的一种。被人拒绝的确很难过,好像世界末日来了,大家都有过这种感觉,经过岁月淬炼之后,原因也找到了,那就是"经验太少"。

扼制他,用你的嘴说出他的反对意见

谈判中,应当事先预测对方可能会提出哪些反对意见。你若抢在对方前将这些意见说出来,便可不费吹灰之力将其扼制住。

把方案带到客商那里去的时候,应当事先就料到对方会提出哪几种反对意见。如果坐到谈判席上,在意想不到的情况下突遭对方的反驳后再支支吾吾地招架,则有失体面。

事先估计到对方会反驳，但只准备一些应答的对策还不够，仍容易被对方打败。在争论中占据上风并不是谈判的根本目的，充其量不过是谈判形势的走向问题。

那么，应当如何对待意料之中的反对意见呢？

当估计对方会予以反驳时，有这样一种应对的办法：在他们还没有说出之前，你让同伴将预料中的反面意见说出来，然后将其否定。

首先与同伴进行磋商，列举几条意想中的反对意见，事先布置好："估计对方会以此为理由攻击我们，你先主动地把这个问题提出来！"在谈判中，当同伴讲出了这个意见以后，你马上指出："不对，这种观点是错误的。"如此这般，将这些反对意见一个一个地化为乌有。同时，你方的几个人之间还可以故意发生争执。这样做不会在对方面前露出什么破绽，反而会在保全对方面子的情况下使其接受你方的方案。

反对意见多种多样，有的可以从理论方面回答，有的无法用语言去解释，只能凭自己的感觉去理解。对方提出的意见可以用道理来说明的部分很好处理，至于那些难以解释的问题，最好还是用内部争吵的方法来解决。比如数落自己的同伴："你总是提出这类问题，什么时候才能有点出息呢？"只有这种语言才能处理好这种反对意见。

坐在谈判席上，总是有意识地将与会者分为说服的一方和被说服的一方，这种想法要不得。对方有3个人，你方也有3个人，我们应当把这看作是与会的6个人正在共同探讨着同一个问题，而不是3对3的对话。

所以，你方的与会人员有时最好也处在相互敌对的关系中。因为如果总是保持一致对外的姿态，对方就会产生一种随时有可能遭到你方攻击的顾虑。把既成的事实强加于人，这是被说服一方最厌恶的一种做法。

当你方内部互相争论的时候，很容易形成一种在场的所有人都在议论的气氛，结论也仿佛是在对方的参与下得出来的。于是在大家的思想中能够形成一种全体参与、共同协商的意识。

但是，若只有你一个人在场的时候又该怎么办呢？

无论事先做过多么周密的准备，一旦到了谈判桌上，仍然会察觉到要有某种反对意见出现。这时，你可以把它处理为临来之前曾经听到公司里有人提出过这种意见。这样，当你发觉这种反对意见即将被提出的时候，就抢先说道："在公司里谈论这个方案的时候，有个家伙竟然这样说……"这么一来，不管有没有持这种意见的人，都会产生敲山镇虎的效果。说完以后，你还要征求对方的感想。听你这么一说，只要不是相当自信的人就很难说出"我也是这么想的"这句话。即使摩拳擦掌准备提出这种反面意见的人，也不愿落得与"这个家伙"相同的下场，所以只得应付说："是啊，这么说可就太奇怪了。"

用这个办法，将对方的反面意见压制住，哪怕只有一次，在以后的谈判过程中对方就不会轻易反驳了。你方大致预料到反面意见的内容时,抢先说:"谈到这里,肯定会有个别糊涂虫提出这么一种反对意见……"于是对方唯恐提出不恰当的反对意见,以后被人耻笑为"个别糊涂虫"。

还有一个办法:抢先说出对方从他们自己的立场出发所产生的不安和所要承担的风险。如说:"我如果是经理的话,这种事情太可怕了,恐怕不敢瞎说。"或者说:"也有出现这种情况的可能,所以我如果站在经理的立场上,也许会想办法回避。"把自己所预料出现风险的可能性间接地表达出来。在达成协议或是谈判破裂的岔路口上,语气再稍微强硬一些也未尝不可:"如果站在经理的立场上,我会认为,造成谈判破裂要比被迫接受对方的条件可怕得多。"

无论怎么说,反正不能让对方把反对意见先说出口,这与你方的意见让对方说出令对方感到满足是一样的道理。对方的反对意见从你方嘴里说出来,这样做给人留下了对方反驳的观点——你方已经研究透了的印象,就可以不费吹灰之力地将其扼制住。

多用"所以",使他与你建立统一战线

为了使讲话的内容充分展开,首先要给对方留下这样的印象,即谈判的对手和自己谈论的是同一个内容。双方在发言中多少有点矛盾时,也应这样对对方说:"我和部长之间只是表达方式和所处的地位不同,其实说的都是一回事。"把话引导到双方共同的目标上来,共同努力寻找到达这一目的的最短路线。

相反,彼此耿耿于怀,各朝各的方向发表议论,双方都会有一种蒙受了损失的感觉,于是相互抱怨自己损失的那一部分让对方赚去了。我们并不希望这样,因此必须给对方留下双方是为了共同的利益而坐在一起的印象,本着"我赚,你也赚"的双赢精神进行商谈。

故此,对话中应该尽量避免使用转折连词。使用过多,无论怎么解释也会形成一种相互对立的氛围。即使对方反驳自己,也不能用"但是"来接受。不管人家说些什么,一定要用"所以""正因为如此"等顺接连词来应对。

人际关系的发展不见得那么规范,那么完善,有些表达写进文章里显得文理不通,但在口头对话中往往没有什么异样的感觉。比如有两个女高中生在谈话,你站在客观的立场上听起来有些驴唇不对马嘴,可她们在那么一种特定的气氛里就能一直聊下去。两者之间的谈话不必100%吻合,其中有30%对不上,关系

也能够融洽起来。所以，在理论上应当使用转折连词的地方，即使你用了顺接连词，谈话仍然可以继续，内容也不会意外地发生变化。比如对方在指出缺点时问道："这种场合，你们应当如何处理？"这时可以回答："没什么，正在考虑对策。"也可以回答："所以，正在考虑对策。"两者的意思都讲得通，但以后者为好，因为它给人留下的印象是我们双方都在朝着同一个目标努力。

经过各种考验并能够从跌倒的地方很快地站起来的人，往往善于使用顺接连词。不想心甘情愿地接受对方的意见时也用"所以"开头，把自己的意见坚持讲下去的人，应该说是强者。如果讲话过程中，无论受到怎样的攻击也不改变自己的论点，用转折连词来迎接对方的挑战，那么谈判就会在不知不觉之中误入歧途。

要知道，谈判的最高境界就是让谈判双方走向双赢，谈判就像分"蛋糕"，自己分得一定利益，同时要让对方知道他也能分得"一块"，这样"蛋糕"才能越做越大，谈判方向上你才能一直占据主导地位。

第八章 不会聊天,别说你懂销售
——销售必须规避的说话和行为禁忌

不懂借助第三者威名

聪明的销售员应该学会借用别人的势、别人的力、别人的威名，来达成自己的目的，成就自己的事。有时我们真的会被对方的言辞、头衔或搬出来的有力靠山，吓得忘记探索事情背后的真相；道理其实不辩自明，只是我们被对方的气势或不在场的第三者给震慑了。

常见的借力使力做法

部属对主管说："总经理在主管会议上曾提过差不多的说法。"

男生对女生说："如果岳父大人在的话，一定愿意把你交给我保护！"

下属对主管说："报告领导！××的情报从没出过错，这消息来自他们，应该正确。"

《三国演义》中的诸葛亮经由鲁肃，对周瑜传话说："我会登坛作法，引来东风助孙刘联军共同抗曹。"（事实是：孙权的阵营里没有会观天象的人，孔明刚好有此优势以借东风为名，更加稳固自己在两军中的地位。）

可以虚张声势，但不能说假话

在推销自己意见时，如自认自己分量不够，大可借助第三者威名，向对方施压。善用借力使力法，可以帮助你得到更多。你无须撒谎，拿出第三者的名号，冠上"可能""也许""假如"等模棱两可字眼，就可以吓唬对方了。但不能说假话。

气死我了！这一季小董辖区的业绩比去年下降这么多，不吓吓他，他怎么知道要怎么改进？

你知道吗？以你这一季退步的成绩来说，依照公司规定，我们可以把你开除！

主任，我过去表现一向稳定，只有这次表现比较差……

居然还回嘴！董事长也说很想要开除你了，你不知道吗？

王经理，你应该借助我的力量说服底下的业务员表现得更好，而不是乱说话！

没事，我没说这样的话，公司也没这样的规定，你过去的表现我看在眼里。先回去上班吧！

是的，我知道我用错"虚张声势"的谈判方法了！

搬出权威人物，常会影响对方的思考方向。广告宣传常请名人代言，请他们介绍商品，以吸引消费者或粉丝。有时，这些名人不必开口，只要将他们和商品摆在一起，就足以产生强大的声势了。

由以上观之，看来行销真是一套因势利导的学问。因势利导的先决条件，在于你能命中对方恐惧或景仰的人或事，而至于怎么借力使力，请先专心地思考，你真正要解决的是什么事，找出关键再使用它。

了解对手，才能借力成功

"虚张声势"能否成功，还决定于对方对我们到底知道多少。对方对我们知道得越少，我们的战术越可能成功。谈判专家指出，谈判时我们所搜集的情报，不只是对方的底子（对方的资源、意图），还应包括设法知道"对方到底知道我们多少"，以及"对方知不知道我们对他知道多少"。

没有替代方案

提早准备以应不时之需

很多人常自恃一鸟在手，自以为抓到的是只珍稀名禽，但如果它飞了、不留神让它死了，终究一场空。所以怎么抓到更多稀有鸟类、怎么让它们存活才是你抓它们的真正目的。让我们看看中国古典的"尾生之信"如移植到现代会发生什么事：

大家可能听过尾生，他要和他心仪的女子携手相约爱之桥下。尾生是个出门不带阳伞、个子长得不太高、偶尔忘记带手机的男生，他还是个"旱鸭子"。和他约会的女孩，自幼听说尾生是传遍街头巷尾的重情义的好男生，以为他会安排好约会行程并做好天气备案，就答应了尾生的约会。

夏日午后，雷雨常常打乱街上人们的行程，女孩站在窗边仰望黑压压的天空想："尾生哥都不告诉我雨天行程，是要冒雨陪我或漫步在快要放晴的小雨中？或……"女孩决定不出门了，等着雨停、等着尾生打电话给她。

尾生坐在河堤上无奈地看着表："两点了，说好两点还不来，女生都一个样，爱迟到。催她，她又会生气，发个信息好了。"他一摸口袋，"啊！钱、身份证都在，手机没拿呀！"一想先回家好了，又担心她可能在前来的路上；选择等下去，又发现雨越下越大。真两难！滂沱大雨一直下，尾生到桥下躲雨，河水实在暴涨太快。尾生看苗头不对要往上走时，大水轰然把他卷走，他急忙攀住桥墩，不幸的事还是发生了……

永远要为自己留一条后路

提早准备，以应不时之需

当正在享受高速公路风驰电掣的飙速快感时，如果一个轮胎此时不耐磨损应声爆胎，当下你只能做3件事：(1)我要活下来；(2)我的安全气囊在哪儿；(3)赶快去路边停车找备胎；(4)手机能和道路救援系统通上话。

无论你开房车、跑车、休旅车都少不了备胎，它跟你油箱的汽油一样重要，当你幸福快乐又美满时，可能忽略它的存在，但少了它，你的成功或许就少了这么临门一脚。

生活上的替代方案

你的备胎呢？该不会没有准备吧！

如果我有多准备一个备胎就好了，现在就不会被困在这边。

业务上的替代方案

针对你提的意见，因为工厂停电交货期有改变，不知道你有其他的替代方案吗？你该不会没准备吧！

惨了，我以为已经搞定了，没准备其他的方案！

尾生因为没做雨天备案（就女生而言，一定不给下次约会的机会：叫女生陪你淋雨又没伞），没当机立断保命为先，就痴想对方会守信赴约；过分自我膨胀，又没有为自己留退路，只相信自己端出来的完美一套，偏偏自己又不一定有韩信背水一战的谋略。如果失败了，很难有人会怜惜或叹息吧！

不懂装懂、多嘴多舌

这世上不可能所有的学问我们都懂，曾经流行过一句话，"没有知识，至少要有常识，没有常识也要看电视"。电视并非最佳信息来源，但在接收信息的同时，仔细过滤、筛选也可以为自己设定一把尺。同时，电视综艺节目也让我们将一些不良示范不自觉地带到生活中，例如插嘴这件事。

不插嘴，就是基本的尊重

在东西方的正式礼仪中，插嘴是非常不合宜的事，这代表你缺乏教养，没耐心应对别人，也急于表现自己。即使对方言语空泛无趣，你也应该耐着性子听完，优雅地简略回复后，再开启新话题，或转向你感兴趣的人聊天。尤其在东方，我们更是从小被教育"小孩只长耳朵，不张嘴"，你愿意倾听对方，就会先赢得

打岔、装懂，让对话说不下去

习惯插嘴、打岔的人，除了会让谈话的另一方觉得轻浮、莽撞以外，最大的问题就是，一旦打了岔，话题一偏，往往也只能断章取义，给对方错误的回应。于是整个对话将错上加错，完全没有品质和效益。业务人员更要注意，当你没有做到仔细聆听，就已经犯了大忌。打岔，更是不能犯的错误！

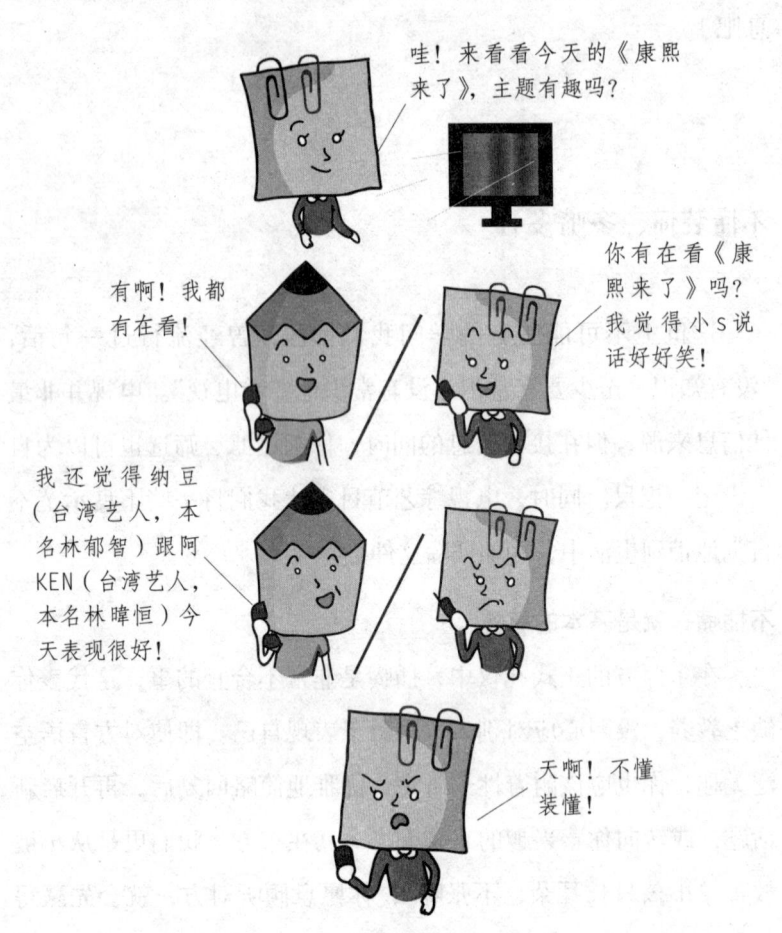

哇！来看看今天的《康熙来了》，主题有趣吗？

你有在看《康熙来了》吗？我觉得小S说话好好笑！

有啊！我都有在看！

我还觉得纳豆（台湾艺人，本名林郁智）跟阿KEN（台湾艺人，本名林暐恒）今天表现很好！

天啊！不懂装懂！

对方尊敬的第一步；和长辈应对时，你只能听，尽量不回答，偶尔可以试着表达自己意见。但时代真的变了，收看综艺节目，你会发现插嘴抢话之泛滥：我们可以理解艺人上节目无非为了宣传曝光及赚广告费，他们就是要秀、要抢镜头；而主持人为了掌控节目节奏及"趣味"，对反应稍慢或不进入状况的艺人访问时，又必须要随时注意抢回主导权。插嘴瞬间成了主流。

"装懂"往往容易弄巧成拙

而装懂又是一个境界，可简单分两种：一种是答非所问，一种是已跟不上潮流还硬要假装："你有看昨晚的星光大道吗？""有啊！我最喜欢杨宗纬了……"（事实上杨是好多年前星光一班的选手。）

"你觉得迈克尔·波特的竞争策略有帮助到你的工作吗？""噢！我觉得《哈利·波特》的混血王子的背叛，比较符合我的工作情况。"

生活中最常见到的是在一群人的高谈阔论中，有人一直"噢！嗯！嘿！是！好！唷！啊！呵"地应答着，当你问他"你的高见是什么"时，很快你就会明白，这个人一定是不专心或不懂装懂，抑或是他真的瞬间无法表达想法。你问他何必装懂，对方还会理直气壮地回答："不回应不礼貌啊！"对于听不懂装懂的人，也许只能夸他耐心聆听，但是他却没有任何建设性，因为只会点头称是的人实在不是很高明。

谈判对事不对人

很多沟通都需要用到谈判技巧。谈判唯一的目的就是取得双方的共识，达成最佳协议，双方互惠互利，并力求在双方可接受的范围内将损失降到最低。

生活中最常出现的谈判，有讨价还价、情侣协调等。其中人际相处的谈判，最容易由"事"起，由"人"结束。例如：

琼慧打电话给男朋友冠洲："你忘了我们的约定吗？"

冠洲困惑不解，只好回答："是和你吃饭吗？我跟你提过这几天特别忙，有可能不能去。"

琼慧听完这样的答复，愤怒地说："哼！你同学还是你同事，还是你那个朋友，说了我什么，你才不理我是吗？"

冠洲："我只是没看信，而且有先告诉你，这次可能赶不及赴你的约啊！"

琼慧委屈地说："我就知道，你们都是一样的，以为念了几本臭书或从国外回来的就了不起！"

无奈的冠洲："就跟你说这几天我要截稿了……"

琼慧情绪越来越激动："你行！你快去赚你那几个臭钱吧！"

听到对方讲出这样的话，冠洲也不甘示弱："对对！你约的都不是什么高档地方，我帮你省了几碗卤肉饭钱，你要感激我呢！"

谈判要心平气和，将对话聆听完整

要达成一个完美的谈判，不可忽视的要点就是要先学会当个专心的倾听者。能将对方说出的每句话完整地听完、听懂，才能正确判断对手的心思，掌握整个谈判的走势。有时，当你发现对谈出现误解时，你也可以体贴地表达是自己未将话表达清楚，才造成双方误会，这样的举动，会为对方做足面子，也让他有台阶可下。如此，既可解除对方的防卫心，又带给他体贴谦虚的印象，使之重新回归到事情焦点上。

倾听者的检核表

☆想象自己是在对方的处境里，以了解他所讲的话与感受。
☆把你不了解的地方记下来，以便再问清楚。
☆借由肢体语言来传达你的理解和接纳的态度：看着对方的眼睛、姿态和手势、脸部表情、声音语调。
☆不要打断、提供建议，或是紧跟着提出自己类似的经验。
☆回应的方式要能表现出你对他的重视。
☆尽可能客观地再复述一次他说的话和感觉。

琼慧更加愤怒:"你说什么?!你还没领薪前,是谁拿零用钱给你的?"

冠洲:"我又没要收,是你硬塞到我皮包里,还偷偷塞进来,那点钱我还瞧不起呢!"

琼慧:"你这薄情寡义的人!"

一路看下来,原来只是由非常单纯的约会和工作时间的安排,进入批斗对方、矮化对方的阶段,完全模糊了原来要解决的问题。运用到业务上,有时因客户不喜欢这个产品或不耐烦于情势常被业务员掌握,或业务员对客户公司的高姿态及众多要求,在谈判过程中,不自觉带入个人情绪,进而影响整体谈判。

分清楚意见与事实

沿用上一节的例子,我们来分析一下哪些是事实,哪些是意见。

事　实:　男生没回复女生的信息、男生已先告知女生不赴约的可能性、收了女生的补贴金。

意　见:　在争执的过程中如能仔细分析,将发现真正花在处理事实的时间并不多,却有过多时间用在回应对方意见,而且也很容易因某方先动气或批判对方而转移焦点。开会也常如此，流程之所以冗长枯燥，是只要开始表达意见时，与会者为了捍卫自己立场而产生攻防，最后因必须做出结论而草草表决。

行销中我们也常听到如下对话：

客　户：这产品不好。

业务员：可否请您告诉我，是哪里不好呢？

客　户：是消耗品且损耗太快。

业务员：您说得对，如果您特别爱用，会使用得特别快。

客　户：但我既然使用消耗品，就会希望它的损耗率不要那么高才划算啊！

业务员：所以您考虑的是：消耗品更换的频率、价格，还是……

客　户：噢！其实我不喜欢这个牌子，你们难道没有进国外的××货？

业务员：那这个牌子您希望符合哪些需求或规格？

客　户：这个尺寸，那个型号，这个附加几种那个……

业务员：好！这是您需要的品牌样品，我们可以于3天后为您出2货柜，请在这里签名。

以上对话中，客户刚开始并没特别透露他要表达的意见，在业务员的问话引导下，客户才透露他心中的需求。分辨出客户的需求为何，并进一步确认，就可以将客户的个人意见消磨于无形中。

随时随地找出"事实"与"意见"

其实要把事实与意见区分清楚并不容易。我们每天接触和阅读的文章中,作者常常将他们的意见伪装成为事实,好说服我们,让我们觉得他们所言非常具有可信度。

学会分辨事实与意见

有一部分妇女愿意在家分娩,认为医院不是婴儿出生最好的场所。

当你在阅读时,要小心仔细地阅读,有时候你需要分析句子,然后用自己的话重新写下它的意思。若你能成功地区分事实与意见,这样你才有办法根据接受的信息做出明智的判断,不为人所操弄。

学会分辨事实与意见

越来越多的人喜欢骑自行车,骑自行车是很好的。

越来越多的人喜欢骑自行车。

事实

意见

骑自行车是很好的。

要学习分辨才对!

以退为进的是陷阱

商场上、社会中,我们常会陷入一些含混笼统的话术而不自知。"100元百货公司清仓特卖""第二件4折(价低者)""买一送一(买一盒送一片)"……怎么这么多清仓货、买一送一的便宜货呢?靠近招牌及说明,原来看似店家不惜成本的特价,可能是商品快到期、有瑕疵或是纯粹的文字游戏请君入瓮,更可怕的是有法律问题的"赃货"。

留意文字陷阱

商人不可能做无本生意,顶多利润少一点,减轻库存和时效压力;同样,如果行销无形商品,法律条文及业务员的说法"差一点就差很多"了。例如电视购物频道告诉你"只有今天,买就送",结果明天卖、后天卖、天天卖,问他为什么?"只有今天",没错啊!

明明投资就是要以短、中、长3个阶段来分析,但理财人员说"你给我7年,我给你每年赚10%",所以7年后你想要继续投资持有,理财员说"我们只保证7年的获利,7年后你要自行操作,我们一概不负责获利率",所以你可以选择解约或自己操作,但合约只写着风险盈亏顾客自负。这时你才明白,所谓保证获利,是理财人员口头的承诺,他代替你操作只有7年。

说话要适当保留

运用保留语气。论述意见时,请以"我认为、大概、也许、个人觉得"等字眼,以表达纯粹只是我单方面意见,不代表官方立场。

运用客观字眼。"原则上、基本上",表示没有一定的定律,可能有例外条款。条约看清楚,多花几分钟审视,如有疑义而对方说不清楚,宁可先带回细读或暂缓签约。如果可以,先调查一下对方背景。对于赠品或回扣,问清楚如果不索取,价格可以再下降吗?

下面是以退为进的例子

预算限制

贵公司提出的活动企划案,已经超出我能决定的预算范围,我必须向上呈报。

核准权限

很抱歉!我的核准权限只有10万元,这套电脑影音设备要10.5万元,如果价格可以降到10万以下,我们谈成的机会就很大。

付款条件的限制

我们公司规定,采购商品票期不得低于60天,贵公司票期为45天,我需要写签呈报,这需要一段时间。

规格限制

这样的规格会违反公司的标准,不过,只要在价格上能再多降一些,我会试着说服使用单位。

第九章
最后关头也可以『逆转胜』
——销售一定要懂的成交绝杀技

为对方贴上标签，给他积极的心理暗示

心理学家曾经做过一项研究，试验中他们发现，当老师告诉学生"我觉得你是个会在乎自己功课好不好的孩子"时，接收到这个信息的学生，会比其他学生花更多时间复习功课；或者当一名主管告诉下属"我觉得你是个值得托付的人"时，这名员工也会比其他员工更努力完成工作。

从标签上找到美好特质

这些试验的意义在于，当我们为一个人贴上"标签"，让他相信自己具有某些美好特质时，他就会努力让自己符合这个标签形象。同样，如果我们可以让谈判对手相信他们是有能力、果断、具行动力且有极佳判断力的，就能让他们觉得自己的确如此。在过去的一些行为实验中，行为学家发现在任何谈话里，面对同样的目的，客观强势的一方不会尽全力去争取更多。

这里的意思是说，假设A公司有甲、乙两个谈判人员，公司给他们的要求和目标是一样的，例如都是要对方降价一成（如果能更多当然更好），现在他们要分别和两个对象谈判。

在两组人谈判过程中，甲遇到一个强而有力的对手，乙则遇

谈判往往会有遇强则强、遇弱则弱的状况

面对老手

业务小王跟谈判老手谈判,在与老手过招过程中,彼此不相让,价格反而砍不下来。

小王啊,我也不能退让,我就是当业务出身的,也做过相关的产品,我知道这项产品可以照我开的价来。

陈经理,你过去也是业务出身的,你一定知道我们的价格已经很实惠了。

面对新手

接着小王再跟谈判生手谈判,在跟生手过招的过程,生手很多技巧都不会,小王心生同情,反而不忍心砍价钱。结果对方反而拿到比较好的价钱。

小王,成本这东西我其实很多都还不太懂,但我们公司现在财务控管上很严,你可以通融一下吗?

小赵经理……嗯……我知道,那不然就照你说的好了。

第九章 最后关头也可以"逆转胜"——销售一定要懂的成交绝杀技

到一个谈判新手。在我们的想象里，乙似乎比较有可能争取到较多降价，但是事实上，乙通常至多只会争取到一成甚至更少的降价幅度，而甲则在一成二至一成五之间。

善用"遇强则强，遇弱则弱"心理

行为学家研究"遇强则强、遇弱则弱"的原因，他们得出的结论是：在社会教育以及国家政策下，人类的潜意识已经发展成会习惯性地同情弱者。当我们"打击"的对象能力明显比我们差，我们就不会赶尽杀绝，另一方面是因为得不到成就感；但反过来，如果对手比我们强或旗鼓相当，反而会激起我们挑战、好胜的本性，我们的情绪会变得激昂，我们也更容易设定较高的标准。

所以在我们打算做出聪明的妥协前，让对方相信自己是强势方，具备许多我们所没有的能力，可以让他们降低与我们力争到底的期望。换句话说，他们潜意识里会同情我们，并放松对部分条件的苛求，有助我们用"较高的底线"达成协商条件。

因势利导，抢救临时变卦的残局

严凯泰的双赢发言策略

为了让裕隆汽车有全新的品牌定位，严凯泰当年选择非常前卫的"意识形态"广告公司来帮裕隆做广告。邀请数家大型广告

遇到临时变卦可以运用以下几点

一、以静制动：使自己心中不乱，静观对手的举动，后发制人。

二、澄清视听：随时针对对手提出的似是而非的问题加以澄清，甚至制止。

三、凸显矛盾点：当对手偏离议题主轴或说法前后矛盾时，适时给予纠正。

四、照着剧本走：随时随地让对手依照规划谈判，勿将问题复杂化。

严凯泰的双赢发言策略

裕隆不要跟别人比，跟自己比就好！

董事长讲得对，不过那是以前的裕隆，我们现在坐在这里谈的是未来的裕隆。

公司来比稿的当天，严凯泰还特别安排母亲也就是董事长吴舜文来听简报。

"意识形态"公司当时做了一个与同业车子相比的比较式广告，简报展示到一半时，吴舜文便出了声："裕隆不要跟别人比，跟自己比就好。"顿时当场鸦雀无声，谁也不敢反驳董事长的意见。

但不到一分钟的时间，严凯泰却站起来说："董事长讲得对，不过那是以前的裕隆，我们现在坐在这里谈的是未来的裕隆。"

当时还不到30岁的严凯泰，既不伤母亲面子，同时也表达了亟须改革的决心，也顺利地让"意识形态"来为裕隆汽车打造新形貌。

当谈判进行的时候，如果对手意外地临时变卦，谈判人员必须运用自己的专业知识，让损失降到最低，或是想办法扭转局面，让局面继续对我方有利，这些都需要冷静的头脑、从容的态度、经验的历练。

遇到临时变卦可以运用以下几点

　　一、**以静制动**：对手会不择手段，以不同手法、多角度试探我方的意图与底线，谈判时，眼神闪烁，说变就变，我方应处变不惊，以静制动，伺机而为。

　　二、**澄清视听**：对对手提出任何似是而非的观点或不正确的指控，我方应在第一时间立即澄清，甚至加以制止，以免误导视听,让对方有机可乘。

三、凸显矛盾点:这类型对手通常是跳跃性思维,一下谈价格,一下又跳回规格,不会将想法集中在单一议题上,且容易前后矛盾。我方应把握机会,在保持应有的风度下,以子之矛攻子之盾,加以反驳。

四、照着剧本走:这类型对手思虑多,很容易把简单的事复杂化,寻求在混乱中谋取利益。在谈判攻防中,我方不需处处加以回应,只要照着原先规划的谈判计划走即可。

小心弄巧成拙,适时妥协可以拉高底线

有些对手生性狐疑,一心多用,且内心充满矛盾,谈判时反复无常,同时追求不同的目标、采取不同的行动,虽然辩才无碍、能言善辩,却很难专注在一个清晰的谈判目标上。

面对这样的谈判对手,不可激怒对方:这类型对手虽然狡猾老练,不过在被伤及自尊时,也容易恼羞成怒。要适度为对方保留面子,千万不可将对手逼到墙脚。

陈经理想跟小林的公司购买一批IC面板,在谈判过程中陈经理不断杀价,小林觉得这跟公司的目标底价有差距而不愿意让

步。陈经理说，同业当中有人的价格比小林公司还要优惠，希望可以获得价格上的让步，小林强硬地不愿同意，宁可失去生意也不妥协。最后陈经理生气地转而向小许的公司购买，价格上没差多少，但是一次就签了5年的约。

这样看来，小林强硬的态度最后弄巧成拙，让公司失去一笔长期的生意！

适时妥协可以拉高底线

保罗和理查都要船运一批零件，他们正和各自的委托人谈判每个单件的运输价格，公司的底线是10美元。

保罗一共做出了3次让步，每次都让了3美元，共让了9美元；理查则做出了4次让步，分别是4美元、2美元、1美元、50美分，共让了7.5美元。

他们都对委托人说这是最后的让步了，结果理查的委托人干脆地签下合约，保罗的委托人却继续挑三拣四……

明明保罗就是妥协较多的那一个，为什么会被委托人当成骗子？

最主要的原因是他不懂让步和妥协的艺术。

从上面的例子可以看出来，理查利用让步越来越小的方式，让对方相信自己的妥协空间已经逐渐缩小，最后他甚至以美分为单位，对方不得不相信他已经到达极限；相反，保罗每次让步的幅度都一样，对方完全感受不到他的压力，当然会认为肯定还有

轻忽对手，当心弄巧成拙

有时，免不了会碰到心思较难捉摸的对手，他们可能行动快速、反应灵敏，所以，不可轻忽他们的老谋深算性格，而放松了警惕，反而会弄巧成拙，落到聪明反被聪明误的窘境。

弄巧成拙的谈判

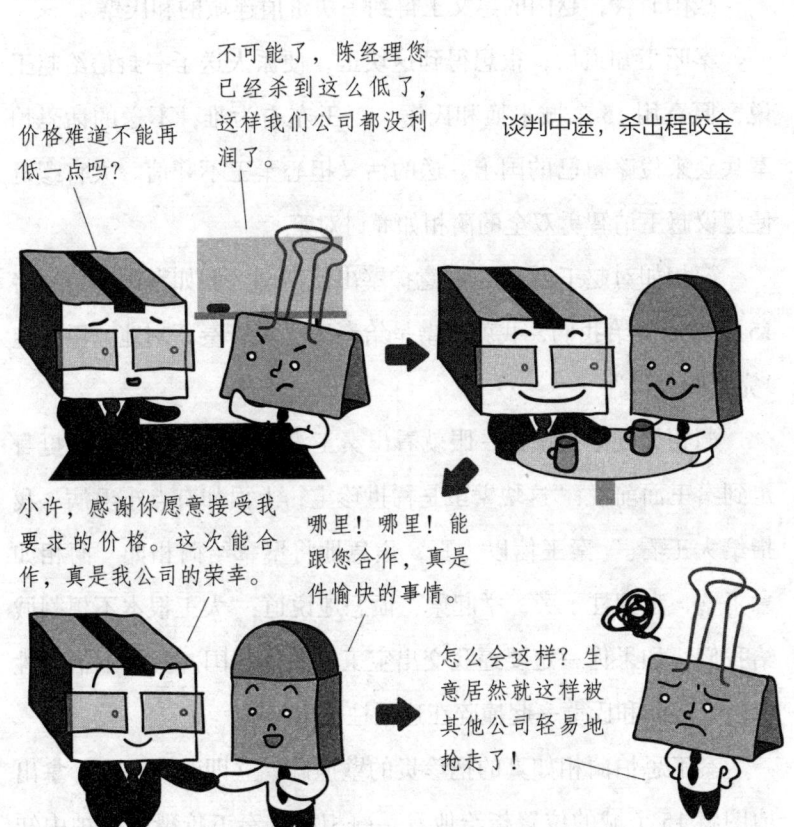

价格难道不能再低一点吗？

不可能了，陈经理您已经杀到这么低了，这样我们公司都没利润了。

谈判中途，杀出程咬金

小许，感谢你愿意接受我要求的价格。这次能合作，真是我公司的荣幸。

哪里！哪里！能跟您合作，真是件愉快的事情。

怎么会这样？生意居然就这样被其他公司轻易地抢走了！

更进一步的杀价空间。

学蔺相如完璧归赵，成功全身而退

战国时代，赵国的惠文王得到一块价值连城的和氏璧。

秦昭王知道后，很想得到这块玉，便派人送了一封信给赵王说，愿意用15个城来换和氏璧。赵王左右为难，不送的话恐怕秦兵会来侵略自己的国土，送的话又担心秦王不守信。大官缪贤便建议赵王请智勇双全的蔺相如商讨对策。

蔺相如对赵王说："臣愿意护璧出使秦国，假如秦国守信地将15个城池割给我们，我就将璧呈给秦王；倘若秦不割地，臣一定'完璧归赵'。"

蔺相如到了秦国，一眼就看出秦王没有割城的诚意，便挺身走到秦王面前说："这块璧虽是稀世珍宝，上面却有点小毛病，我指给大王看。"秦王信以为真，焦急地将璧拿给蔺相如。蔺相如拿了璧，走到柱子旁，举起璧，愤怒地说道："大王根本不想割城给我们，如果你一定要逼我交出宝玉空手回赵国，我将不惜牺牲自己，连同和氏璧一起撞碎在这根柱子上！"

秦王恐怕蔺相如真的把珍贵的璧撞碎，立即改变态度，拿出地图将15个城的位置指给他看。蔺相如从秦王狡猾的眼神中知

完璧归赵

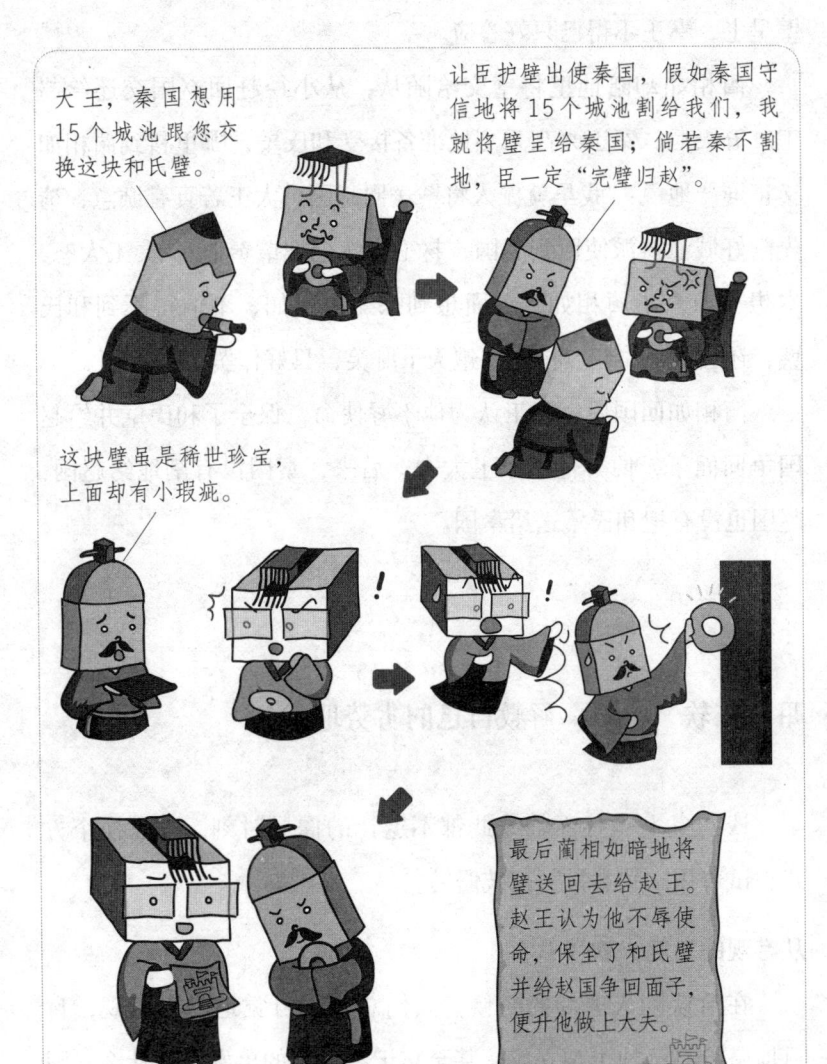

大王，秦国想用15个城池跟您交换这块和氏璧。

让臣护璧出使秦国，假如秦国守信地将15个城池割给我们，我就将璧呈给秦国；倘若秦不割地，臣一定"完璧归赵"。

这块璧虽是稀世珍宝，上面却有小瑕疵。

最后蔺相如暗地将璧送回去给赵王。赵王认为他不辱使命，保全了和氏璧并给赵国争回面子，便升他做上大夫。

道他仍没有割城交换的意思，便要求秦王斋戒五日，到时他再将璧呈上，秦王不得已只好答应。

蔺相如却暗地里将璧交给随从，从小径赶回赵国交还给赵王。五天后，秦王兴高采烈地准备接受和氏璧，哪里料到蔺相如义正词严地说："我早就派人将璧送回赵国，大王若真有诚意，请先割好城池再派使臣到赵国，赵王自然会把璧奉上。"秦王大怒，本想一刀杀了蔺相如，继而想到杀死蔺相如，不但得不到和氏璧，还会破坏秦赵友谊，并遭天下耻笑，只好作罢。

蔺相如回国后，赵王认为他不辱使命，保全了和氏璧并给赵国争回面子，便升他做了上大夫。后来，秦国没有割地给赵国，赵国也没有把和氏璧送给秦国。

用"二软"策略，解救自己的劣势地位

谈判桌上一旦面临彼此都不退让的僵局时刻，可以换个方式，试着用"软力量"打破僵局。

从客观的角度，软性思考

在洽谈陷入僵局的时候，人们总是不自觉地脱离客观，盲目地坚持自己的主观立场，甚至忘记了自己的出发点是什么。因此，为了有效地克服困难，打破僵局，首先要做到从客观的角度

来关注利益。

在某些谈判中，尽管主要方面双方有共同利益，但在一些具体问题上双方存在利益冲突，而又都不肯让步。如果处理不当而引发矛盾，激化到一定程度即形成了僵局。由于谈判双方可能会固执己见，因此找不到一项对双方都有利的方案来打破这种僵局。这时，应设法建立一项客观的准则，让双方都认为是公平的，既不损害任何一方的面子，又易于实行，这往往是一种一解百解的枢纽型策略，实际运用效果很好。

在客观的基础上，要软性考虑到双方潜在的利益到底是什么，从而理智地克服一味地希望通过维持自己的立场来"赢"得谈判的做法。这样才能回到谈判的原始出发点，才有可能打破谈判的僵局。

从不同的方案，寻找软性替代

业务洽谈过程中，往往存在多种可以满足双方利益的方案，而洽谈人员经常简单地采用某一方案，而当这种方案不能为双方共同接受时，僵局就会形成。事实上，不论是国际业务洽谈，还是国内业务磋商，都不可能总是一帆风顺的，双方之间磕磕碰碰是很正常的事情。这时，谁能够创造性地提出可供选择的方案，谁就能掌握谈判的主动权。当然这种替代方案一定既能有效地维护自身的利益，又能兼顾对方的利益要求。不要试图在谈判开始就确定一个唯一的最佳方案，因为这往往阻碍

什么是软实力

软实力,就是一种爱心、包容、尊重、认真的态度;一种平等、博爱、守法、具人文关怀的精神;一种开放、创新、积极、好学的动力。从国家,到企业,到城市,到个人,都有"软实力"。

在现代社会中,个人的软实力真的可以帮助自己达到目标,而不是用硬实力来硬碰硬(迫使就范)。

了许多其他可做选择的方案产生。相反,在谈判准备期间,要能够构思出彼此有利的更多方案,这样往往会使谈判如顺水行舟,一旦遇到障碍,只要及时掉转船头,即能通畅无误地到达目的地。

制造被抢购的假象,成功吸引对方

谈判时不可以让人知道自己手中握有的优势底牌,可以制造出一种假象,让对方感觉,大家都很想要争取你们公司的产品或是服务,在成交前,告诉对方很多人都在抢购你的产品或服务。

让对方觉得我方的服务或是产品很抢手,形成一种我方的选择绝对不只有他们一个而已的压力,而他们若是没有选择我们将是他们的损失。

成功吸引对方对我方的产品感兴趣之后,谈判时再给予一点让步,可以让谈判更容易成功。

聪明妥协有几个大方向:

一、不要一开始就妥协:任何有谈判经验的人都会告诉我们,如果在谈判一开始我们就妥协(即使是预定计划内的妥协),接下来一定会被迫做出更多妥协。

几种用假象营造抢手的策略

统计图表：提供一个好资讯，来吸引对手的注意力，会使对手信服，往后的谈判就会顺利许多。

魔力数据：有利且凸显我方优势的数据，绝对会使对手的目光集中在你身上。

装傻：能让对手戒心松懈，耗损对手的耐心，让他更快做决定。

营造抢手的感觉

我想要买你们公司的产品。

我可以拿本公司的目录给你看。

这家公司的产品好像很不错，业界也有很多人使用……

东西很不错，价格还可以再讨论吗？

因为很多人都在抢购这项商品，所以价格无法再降。

二、**务必让对方感受到你的压力**：如果你向对方要求降低报价，没想到对方完全没有挣扎，直接告诉你"没有问题"……此刻你心里想的多半会是之前是被恶意抬高的报价给耍了，导致猜测对方的底价比你预期的低。

三、**善用"期限症候群"**：在谈判中也一样，只不过是以不同的状态表现而已。谈判者也许看起来总是很冷静，但只要在期限临界点，再冷静的谈判高手也会开始冒汗，并开始对一些条件放松警惕。

四、**设置虚拟底线**：谈判桌上有句话是这样说的："谈判最差的发展，就是自己向对方提出底线。"我们在妥协时，会把底线做切割，虽然切割的方式不一样会造成不同结果，但这个大方向并没有错。

设置虚拟底线时，设得"越高越好"。因为只要我们能够好好运用前面3个聪明妥协的做法，对方就很难不被我们说服。

巧用心理战术，让对方感觉无路可退

谈判过程中，还有以下几种方式可以让对方觉得无路可退：

一、**真的离开谈判桌，让对方以为谈判破裂**：在谈判中，拥有最多筹码的一方就是拥有"离桌走人"权力的一方，

如何让对手无路可退

假装真的要离开谈判桌

老板,不便宜卖我,我要走了!

先生,好啦,好啦,先试穿吧!

说要走人,让对方心急之下做出让步

老板,真的谈太久了,我得走了!

再等一下嘛!我再仔细考虑一下!

运用"你死我活"战术

王董,相信你知道如果不继续合作,对贵公司形象的影响。

好说!好说!

设定限制,让对方感受压力

喂!晚上要去哪里吃饭谈合作啊?

不好意思,我跟人有约了,下次请早一点确定!

虚张声势,壮大自己无形的靠山

小姐,我们店是许多明星光顾的店,你可以看到他们穿这些衣服上电视喔!

哇!是真的吗?赶快帮我介绍!

制造出很多人都抢着要你们公司产品的感觉

东西很不错,但我想等一下再来买。

建议你早点过来,不然等一下有家旅行团会过来采购,我担心缺货。

因此谈判者掌握较多优势的时候，可以运用真的走人战术来争取对方的让步，但是使用这个方法要注意是在不怕谈判破裂的时候使用较好。

二、说要走人，让对方心急之下做出让步：告诉对方你可能要走了、不想谈下去了，但你却还没真的起身要走。

三、运用你死我活战术：握有某种使对方致命筹码的谈判者有时会铤而走险，运用"你死我活"战术，用手中的筹码威胁对方，如果对方不做让步，你会让他们死得很难看。

四、虚张声势，壮大自己无形的靠山：当己方未必真的具有某种筹码时，谈判者可能采取"虚张声势"的战术，让对方误以为你具有某种筹码，这时你是在赌对方不敢或不能查证你是否真的拥有筹码。

五、设定限制，让对方感受压力：限制可以使对方感到压力，因此谈判者经常主动替谈判设限，例如：设定答复时限、付款方式限制、沟通方式限制等。

六、制造出很多人都抢着要你们公司产品的感觉：在成交前，告诉对方很多人都在抢购你的产品或服务。

当谈判进入中期后，要谈的问题变得更加明晰。这时谈判不能出现对抗性情绪，这点很重要。因为此时买方会迅速感觉到你是在争取双赢方案，而且还是持强硬态度事事欲占尽上风。

如果双方的立场南辕北辙，你千万不要力争！力争只会促使买方证明自己的立场是正确的。买方出乎意料地对你产生敌意时，这种先进后退的方式能给你留出思考的时间。

在中期占优势的另一招是交易法。任何时候买方在谈判中要求你做出让步时，你也应主动提出相应的要求。如果买方知道他们每次提出要求，你都要求相应的回报，就能防止他们没完没了地提更多要求。